Nils Langhans

Irgendwann kommt immer ein Meer

Roman

Schöffling & Co.

Erste Auflage 2025

Kaiserstraße 79, 60329 Frankfurt am Main

Covermotiv: © FinePic®, München
Einbandgestaltung: zero-media.net, München
Satz: Fotosatz Amann, Memmingen
Druck & Bindung: GGP Media GmbH, Pößneck
ISBN 978-3-69097-010-5

www.schoeffling.de
info@schoeffling.de

nilslanghans.com

Der Mund: aufgereckt; die Zunge rollt sich wie welkes Blatt, hell bepunktet; rissig die Haut in der Falte zwischen oben und unten, ganz rissig; ein feiner Schnitt im Winkel, glatt, wie von Papier, das durch das Fleisch zwischen Daumen und Zeigefinger fährt; kein Blut, bloß rissig, trocken.

Das Ende: knirscht, mahlt, schiebt und dreht sich; will nicht ergriffen werden, wehrt sich.

Der Blick zur Uhr: eine Sekunde vergeht: in Stunden.

Das Piepen der minzgrünen Morphiummaschine; über deinem Bett: die Nordseeküste, auf einen Keilrahmen gespannt. Ein ungewöhnlich heller Herbst, seit Tagen scheint die Sonne, bricht sich im geschrägten Fensterglas. Gestern auf dem Weg zum Parkplatz habe ich ein Eichhörnchen gesehen. Oder war das im Fernsehen?

Dein offener Mund, nicht geöffnet. Salz krustet auf deiner Oberlippe. Wir fühlen, wie die Tage kürzer werden; Spätsommer.

Ich stehe vor dir, sitze bei dir, halte deine Hand: warm, streiche über deinen Unterarm: warm, über deine Wange: lauwarm, fühle die Stirn: warm.

Du wünschst dir, dass alles bloß ein Albtraum ist, aus dem du eines Morgens erwachst.

Du willst noch einmal das Meer sehen.

Als du das letzte Mal zu Hause frühstückst, isst du eine Scheibe Toastbrot mit Marmelade. Ich erinnere keine Bewegung, es ist ein Standbild: das abgebissene Toastbrot mit roter Marmelade, der Zwiebelmusterteller, dein Unterarm, die lasierte Tischplatte.

*

Wir stehen im Halbkreis um dein Bett; auf dem Nachttisch eine kleine Glasflasche Fanta, 0,25 Liter, halb leer getrunken. Ich habe dich nie Fanta trinken sehen. Ein Geschmack aus deiner Kindheit, eine Erinnerung, Anfang und Ende.

Ich erinnere den Fußboden im Hospiz: ein graues Linoleum, leise quietschend, marmoriert, mit Fahrspuren von Rollstuhlreifen, Krankenbetten. Der Blick aus dem Zimmer auf eine Kirche, dahinter das Klinikum. Jeden Tag scheint die Sonne; der Boden funkelt, wenn sie am Nachmittag schräg ins Fenster fällt; gummierter Abrieb bricht das Licht, leitet es um. Auf deinem Nachttisch liegt eine Bonbontüte, daneben: die minzgrüne Morphiummaschine, halbstündlich piepend. Ich erinnere die Schuhe, die ich trage; ich erinnere meine Füße auf deinem letzten Boden.

Die letzte Landschaft ist die erste Landschaft: der Blick aus dem Fenster auf das Klinikum, in dem du geboren bist; Kopfsteinpflaster, Kirchturm, eine Halbinsel, vom Fluss umschlungen.

Ich knie auf Waschbeton; der frühe Abend dämmert blau, silbern; Wolkenbänder ziehen Richtung Norden, verdecken den blassen Mond, geben ihn frei. Du bist seit einer Stunde tot; du wirst von nun an tot sein.

Wir stehen vor dem Hospiz, auf Kopfsteinpflaster. Es ist dunkel, es regnet jetzt. Der Lichtkegel einer Laterne fällt weiß und rund auf den Bordstein. Später steigen wir in ein Auto. Gestern, vor sechseinhalb Jahren.

*

Die Tage, die auf deinen Tod folgen: eine äußere Form lenkt uns durch den Morgen und den Nachmittag und den Abend: ein Sarg muss ausgesucht werden, eine Grabstätte gepachtet, Trauerkarten formuliert, eine Rede geschrieben, Blumenschmuck ausgewählt; ein Mann von der Krankenversicherung kommt: Versicherungen werden umgeschrieben, Bausparguthaben aufgelöst; ein Pfarrer kommt; jemand bringt zwei Lidl-Tüten mit Lebensmitteln; wir trinken Kaffee aus dem Zwiebelmusterservice; wir gehen zum Bürgeramt, um deine Sterbeurkunde abzugeben (oder abzuholen?); an einem Nachmittag fahren wir zu Ikea, ich weiß nicht mehr, warum.

Ich werfe Erde in dein offenes Grab; ich werfe eine Sonnenblume in dein offenes Grab.

Der Pfarrer spricht von der Asche, die zur Asche soll, und dem Staub. Die Sonne lacht, wir halten uns. Irgendwann ist es vorüber.

Seit diesen Tagen versuche ich zu vergessen, dass ich dich nicht wiedersehen werde; seit sechseinhalb Jahren versuche ich zu vergessen, dass ich dich nicht wiedersehen werde; ich flüchte vor mir und ich flüchte in mich hinein; ich suche nach einem Geruch, nach einem Klang, nach einer Farbe und einer Hand, bin blind, taub, körperlos; ich suche und ich kann nicht sagen, wonach. Und manchmal streift ein Blau über den frühen Tag und manchmal habe ich alles vergessen: habe ich vergessen, dass du tot bist, habe ich vergessen, dass es dich gibt (gab). Dann stirbst du noch einmal, kürzer, viel kürzer; du stirbst, jedes Mal aufs Neue, wie ich mich nach dem Vergessen wieder erinnere; manchmal zuckt ein Muskel in mir und manchmal starre ich nur nach vorn; manchmal zieht sich mein Kehlkopf zusammen und ich ringe nach Luft; manchmal vergesse ich die Erinnerung schon Sekunden später.

Monate vor dem Ende, ein Spaziergang, später Nachmittag: deine Frage, unvermittelt in die gewölkte Mailuft gesprochen: »Was bleibt von einem?« Ich laufe über Betonquadrate, an deiner Seite, stumm; Bellen des kleinen Hundes, Ratschgeräusch der Langlaufleine, ein anfahrendes Auto, Tippelschritte; wir gehen bergauf. Was bleibt von einem? Tippelschritte. Was bleibt? Stille. Was? Die Bilder und die Risse. Was? Ein Geruch. Was? Das Erzeugte, Bezeugte. Was? Kalk und Erde. Was? Eine Blume; ein Satz und sein Verklingen. Was? Stille.

Du bist an jedem Tag anwesend: als Abwesenheit; als der leere Punkt in der Mitte, um den ich seither kreise; als Teil von mir.

Über dich zu schreiben bedeutet: über mich zu schreiben. Über mich zu schreiben bedeutet: über dich zu schreiben, über die anderen zu schreiben.

Wir waren immer zu vielen (zu viele): die Mutter, die Schwester, der ältere Halbbruder, du, ich. Eine Familie, ein Mehrwesen: ineinander gebunden, verbunden, einander überlappend, manchmal Schatten spendend, manchmal die Sonne stehlend.

Ich kann dich nicht klar sehen, wenn die anderen im Bild stehen, sich vor, hinter, neben dich drängen; ich kann dich und mich nicht klar sehen; ich lege frei (ich erfinde), was so nie allein existiert hat: du, ich, du und ich, das Dazwischen.

Dein Nicht-mehr-Sein zersprengt mein Angehören, zersprengt das, was ein Wir war: in Wirrwarr, in Einzelheiten; ich, schattenlos, unverbunden; und im Ohr: Hornissensummen.

Über dein Nicht-mehr-Sein zu schreiben bedeutet über mein Nicht-mehr-Sein zu schreiben; in jedem Sein ist das Nicht-mehr-Sein eingeschrieben, von Beginn an.

Über dich zu schreiben (über mich zu schreiben) gibt die Form vor: Bruchstücke, unverbunden verbunden; Ästelungen, Stichwege, Pilzbewuchs; Sickerwasser, Bachläufe; Flechten und Moose, grünbraun getönt; Knospen, die Samen speien (»plopp«); und ein Wind, der bläulich flattert, trägt und weiterträgt.

Fragment (Methode und Struktur): ich verneine ein Ganzes; ich verneine eine Abgeschlossenheit und ich verneine eine Sprache, die spiegeln könnte; ich setze nicht zusammen, ich zerteile: zergliedere, zerschneide, zersetze; ich vereinzele die Ereignisse. Das Fragment treibt als Punkt auf einer gedachten Kreislinie um eine leere Mitte, doch es bestrebt nicht, Punkt an Punkt die Linie zu schließen, Kreis zu werden; das Fragment ist Punkt, ist Vereinzelung und Einzelnes.

Spätsommertag, Erinnerung vom Beifahrersitz: Landstraße, zweispurig; rechts das Sonnenblumenfeld, backpapierbraun; verbrannt die Köpfe und die Stängel; Blütenblätter fallen wie nass geduscht, kräuseln und krümmen sich, schlingen sich um den verkohlten Stängel; nur der Stempel trägt jetzt Farbe, safrangelbes Kissen, Blick zum Boden, gerahmt von Brauntönen, ein Negativ; das Bild von Egon Schiele, Wochen später; die Sonnenblumenköpfe, die wir in dein Grab werfen, Jahre zuvor.

Erinnerung: wie ein Bruch, Riss in einer Scheibe, klirrend, eine plötzliche Spur aufwerfend, bricht ein Stück Vergangenes ins Jetzt.

Du führst Tabellen, mit Formeln dahinter, mit Berechnungen: wann das Reihenhaus abbezahlt ist, wie sich das Sparguthaben entwickelt, wie viele Tage wir drei Kinder zusammengezählt alt sind. Du rechnest, lässt rechnen; gespeichert auf Disketten, CD-ROMs, Festplatten von Aldi-Computern, Sonderangebot, 999 Mark.

Weltspartag: ein abgedunkelter Raum; ich bin drei oder vier Jahre alt, sitze auf deinem Schoß; du trägst ein kurzärmliges Hemd, es ist ein heißer Sommernachmittag. Jemand schüttet den Inhalt meiner Spardose in einen raschelnden Automaten; jemand fächert sich mit einer roten Aktenmappe Luft zu; jemand stempelt in ein rotes Büchlein; jemand gibt mir einen weißrüsseligen Stoffelefanten; du streichelst über meinen Kopf, wir schwitzen.

Als ich fünf Jahre alt bin, bringst du mir das Rechnen bei. In meinem Kopf dieses Bild: ich sitze in unserem Wohnzimmersessel, Sonntagabend; du, kniend auf dem Teppich, eher halb kniend, halb sitzend, erklärst mir am externen Nummernblock deines Laptops die Zahlen: 1 bis 10. Und dann die Rechenarten: plus, minus, mal, geteilt. Gibt es damals schon Laptops? Hast du einen? Gibt es also dieses Bild? Oder gibt es nur die Einbildung des Bildes, Abbild ohne Urbild? Meine Erinnerung an diese Szene ist so klar wie mein Glaube an die Selbsttäuschungsfähigkeit meines Gehirns.

Ich kann nicht nicht kalkulieren, wenigstens im Kopf grob überschlagen: aufs Jahr gerechnet, auf die Dekade, bis ich 18 bin, bis ich 50 bin, bis zur Rente, bis dann und dann macht das soundsoviel Euro, Tage, Wochen, Monate, Liter, Sack Erde. Erde: brauner Mutterboden, überdauert die Zahl, begräbt die Einsen, die Nullen, die Dreien und die Vieren.

Mit acht oder neun Jahren: ich taxonomiere, verzahle meine Wirklichkeit: ich lerne alle Bundesliga-Ergebnisse einer Saison auswendig, die Torschützen und die Minute des Torfalls; ich führe Listen mit Noten über die Güte der Skisprünge in einem Videospiel; ich zähle die Schritte von der Bushaltestelle bis zur Türschwelle, Tag für Tag; ich suche (aus dem Jetzt besehen): eine Ordnung, eine Struktur.

Versuch über die Zahlen: eine Art Brücke zwischen Ideen und Formen. Die Null: Ursache ohne Ursache; der Kreis mit leerer Mitte: Summe aller Punkte um einen Mittelpunkt, der nicht existiert.

Die Natur äußert sich in Zahlen, in Geometrien, in Analogien zwischen dem Großen und Kleinen: Schneeflocken, Kristalle, Bäume, DNA: Fraktale: ein kleinerer Ausschnitt ist dem größeren selbstähnlich, graphisch beliebig skalierbar.

Die fraktalen Mengen des Mathematikers Benoît Mandelbrot (Einführung): in der klassischen Geometrie ist eine Linie eindimensional, eine Fläche zweidimensional, ein räumliches Gebilde dreidimensional. Für die fraktalen Mengen lässt sich die Dimensionalität nicht unmittelbar angeben: führt man eine Rechenoperation für ein fraktales Linienmuster Tausende Male fort, füllt sich mit der Zeit die gesamte Zeichenfläche (bspw. der Bildschirm eines Computers) mit Linien. Das eindimensionale Gebilde nähert sich einem zweidimensionalen.

»Wie lang ist die Küste Großbritanniens?«, fragt Mandelbrot 1967. Wie klein sind die Einbuchtungen, Abweichungen, Verkantungen abseits der gedachten (gerechneten) geraden Linie? Küstenlinien sind Fraktale; die allermeisten Oberflächen sind rau, chaotisch, fraktal; und die meisten Zahlen: ungenaue Messung.

Die Enge beginnt in den Zahlen; die Enge ist eine Abfolge von Zahlen; die Enge ist der Versuch einer Ordnung.

Versuch über die Zahlen, fortgeführt: ein Gitternetz, mit dem wir durch die tiefe, schwarze Nacht streifen; wir bändigen nichts, niemals; wir ankern im Grundlosen. Wir träumen, zeitlebens.

Zahlen; Zählen; Erzählen.

*

Ich hätte dich gerne gekannt, bevor es mich gab, weit davor, vor allem: in der Zeit vor der Enge.

Du hetzt durch die Gänge, schmeißt Brot, Wurst, Käse, Kekse, Schokolade, Obst und Gemüse in den Einkaufswagen; günstig, aber doppelt, besser dreifach. Du fährst immer zu Lidl. Manchmal fährst du zweimal am selben Tag, weil irgendetwas fehlt, weil du glaubst, dass es fehlt, es dir manchmal einbildest. Du hast Sorge, dass wir nicht genug haben, dass einer klagt, weil zu wenig da ist, dass einer geht, weil zu wenig da ist.

Ich laufe über den PVC-Boden (sandfarben gescheckt, kleines Quadrat), hinter dir, mit dir; das grelle Deckenlicht, Bananenkisten, Rattern der Einkaufswagen, Krächzen der Metallstreben, Sonderangebote, zwei zum Preis von einem.

Plastik (Material): die Zervelatwurst, Gebirgsjäger, 200 Gramm, in Plastik eingeschweißt (darauf lacht ein Schwein); das Wasser, Saskia-Quelle, mit Kohlensäure, blau, sechs 1,5-Liter-Flaschen, aus Plastik, in Plastik eingeschweißt, an den Rändern Klebstoff des Tragegriffs; das Leergut: in einem gelben Müllsack gesammelt; bei der Rückgabe quetscht die Maschine die Luft aus den Flaschen, presst Plastikkugeln; Streit, wenn eine Flasche nicht angenommen wird, weil der Barcode nicht lesbar ist; ich erinnere: die Einfassung des Eisbergsalats, der neben der Pfandmaschine ausliegt, perforiert, mit Luftlöchern.

Die Kassierer, Kassiererinnen ziehen die Artikel über den Scanner, rasend schnell, schmeißen Zucker, Paprika, Mais, Mehl in den Wagen: achtlos, aggressiv, ausgebeutet. Quark platzt auf, eine Zuckertüte reißt, die Pflaumen eingedellt: dann Wortgefechte, Hektik. Weiterpacken, den Platz im Karton komplett ausnutzen, ihn überpacken, dass er manchmal reißt, dass der Rücken beim Tragen schmerzt, dass bloß genug da ist. Im Rausgehen fluchen; innerlich weinen.

Das Bezahlen: die Kassiererin nennt den Preis, du gibst Scheine und Münzen in ihre Hand; auf deinem Handrücken und den Fingergelenken die entzündete Haut: aufgeschichtete kleine Inseln, teils aufgekratzt, blutig, teils schuppigweiß. Du wirst wie ein Aussätziger angesehen.

Bundesjugendspiele, Aschenplatz neben dem Wasserturm, Nebel und Nieselregen, früher Nachmittag: ich gehe in die fünfte Klasse; ich springe fast vier Meter weit; ich laufe die 50 Meter in unter acht Sekunden; ich will beliebt sein; ich stehe mit den neuen Klassenkameraden auf halber Distanz der 100-Meter-Bahn, am Geländer zwischen den blauen Trainerbänken. Du läufst mir entgegen, lächelnd, in der grünen Jacke, die du immer trägst. Auf deiner Stirn: die rotweiße Wunde, fünfmarkstückgroß. Was du Ekliges auf der Stirn hast, fragt einer; ein anderer lacht, sagt: »Bäh, guck mal«, zeigt auf dich, deine Stirn. Ich schäme mich. Ich schäme mich, dass ich mich schämte.

Wunde (wiederkehrend): die Haut schuppt sich rot und weiß; eine Wunde, die immer wiederkehrt, die nie ausheilt, weil sie nicht zum Heilen gemacht ist, weil sie Wunde *ist*. Die Psoriasis ist eine Krankheit der Repetition, der ewigen Wiederkunft des Immergleichen: Auftürmen der Hautschichten, Schuppenbildung, Juckreiz, starker Juckreiz, kratzen, blutig kratzen, beruhigen, eine Schorfschicht, Scheinheilung, Auftürmen der Hautschichten.

Seit du sechs Jahre alt bist: Cremes, Bäder, Solen, Kuren, Bestrahlungen, Tinkturen, Pillen, Spritzen: immer neue Heilversprechen, Heilsversprechen; Linderung, Besserung, Nebenwirkungen; ein halbes Jahrhundert lang: ins Feuer spucken.

Die Tube Bepanthen, 200 Milliliter, auf einem Stück Küchenrolle abgelegt, offen: das Aluminium eingedrückt, wie eine Hügellandschaft geformt, die höchsten Punkte (Tubenkopf) türkis, die niedrigsten weiß; durch den geöffneten Verschluss quillt die Salbe hinaus, beugt sich muschelfarben nach unten, steht mit dem Ende konisch in der Luft; ein Geruch von Öl, Schmierstoff, schwer und langgezogen, dass es unter der Zunge kitzelt. Die Salbe liegt neben deinem leeren Bett; Dexpanthenol gemischt mit Fett; du trägst die Salbe auf: auf Knie, Schienbeine, Ellbogen, Fingergelenke, Handrücken, die Stirn, Abend für Abend, ein Leben lang; ich erinnere nur einen Schatten: einen Schatten und die geöffnete Tube Bepanthen.

*

An manchen Tagen sehe ich dich, wenn ich mich ansehe: die Stirnpartie, wellig; Restfeuchte in den Augen, weit hinten, in den Höhlen verborgen.

Wir sind verbunden in unserer Haut: in Gencode weitergeschriebene pathologische Epidermisveränderung: Psoriasis. Die entzündete Haut schichtet sich, türmt sich an meinem Hinterkopf, blickgeschützt durch meine Locken, die auch deine Locken waren. Wir sind unverbunden verbunden, in der Form leicht gewandelt; ich bin Weitergeschriebenes.

Ich sitze aufrecht auf dem schwarzen Frisierstuhl. Die Friseurin klammert meine Haare, betastet meinen Hinterkopf, tastet über die rot-weißen Stellen, die bräunlichen Schuppen; ich sehe im Spiegel in ihre Augen. Dann verschwindet sie hinter einem Vorhang. Als sie zurückkommt, trägt sie Gummihandschuhe. Sie sagt, dass sie sich gestern am Finger geschnitten hat. Du gehst dein ganzes Leben lang zum selben Friseur, später zu seinem Sohn. Nicht, weil er gut schneidet, sondern: weil er nichts sagt.

Im Autoradio läuft ein Lied, das ich später als »Lemon Tree« kennen werde. Was im Jetzt Liedtext ist, ist im Damals eine Laut- und Tonabfolge, melodisch, aus Kindermund mitgesummt: *dah-dah-dah-dam dee-dab-dah dab-deedly dah.* Und wir fahren weg, wie ich summe, von der Pension im Schwarzwald, von der ersten Minutenliebe, im Jetzt so bezeichnet, im Damals nur ein unwohl-warmes Gefühl in den Wangen und im Bauch, darunter, wortlos, das Mädchen aus der Pension, von der kein einziges Gedankenbild geblieben ist, keine Kontur, nur die Melodie von »Lemon Tree« auf der Rückbank des weißen VW Passat, Herbst 1995, irgendwo im Schwarzwald.

Davor und danach, immer wieder: Ostsee, Reisegrenze ohne sichtbaren Grenzbaum. Der Ort: Grube, Kellenhusen, das eine Ortsteil des anderen, irgendwieherum. Ein Ferienhof, zwei Berner Sennenhunde, Hühner, Pferde, die weite Koppel, der Lenkdrachen. Ich esse Fischstäbchen und du trinkst Weizenbier. Ich erinnere: das Leder deiner Brieftasche (rotbraun).

Geruch der Hühner, Gackern, morgens um kurz nach sechs; die verbogenen Maschen des Zauns, das Tor, leiernd; Staub an meinen Füßen, Stroh; und der fleischige Kamm der Hähne: aus Flammenfarben.

Filme, knisternd: ich, in einer Hauptrolle, sprechend, erzählend; die Abbildfolge schiebt sich vor die erinnerten Bilder, erzeugt ein Zerrbild.

Wir sitzen auf der Rückbank des VW Passat, später Opel Astra. Wir spielen jedes Jahr das gleiche Spiel: wer den Turm mit dem Schwartau-Logo als Erstes am Horizont entdeckt, gewinnt. Wir sind auf dem Weg in den Hansapark, auf dem Höhepunkt des Sommers, des Ostseeurlaubs. Ich fahre Wildwasserbahn, Kettenkarussell. Im Hintergrund Drehorgelmusik, eine Show wird aufgeführt: mit einer Frau, die Diana heißt, die ein türkises, fischschuppengemustertes Kostüm trägt, die eine Schlange beschwört. Ich erinnere: den Geruch des Stockbrots, das wir über dem Feuer rösten; die Looping-Achterbahn (*Nessie*). Du filmst den ganzen Tag über, filmst während der Achterbahnfahrt, filmst den Überschlag: Himmel und jadegrüne Schienen.

Wir legen die Schneckenhäuser auf die Schnellstraße, platzieren sie wie eine Wette etwas näher oder ferner des Mittelstreifens; dann huschen wir zurück in den Graben, knien dicht aneinander im tiefen Gras; lautes Zirpen der Insekten, die Sonne scheint; wir tragen kurze Hosen und Kappen. Ein LKW nähert sich mit hoher Geschwindigkeit, der Abwind presst gegen meine Stirn, drückt mich tiefer in die Knie; ein Reifen zermalmt das mittlere der drei Schneckenhäuser, mein Halbbruder jubelt. Meine Schwester und ich suchen nach neuen Schneckenhäusern, im Schatten hinter dem Haus, nahe dem Tümpel; einer der beiden Berner Sennenhunde trabt uns entgegen, tief bellend, mit dem Schwanz wedelnd; ich streichle ihn, hinter den Ohren, über das schwarze Rückenfell, und von seinen Lefzen tropft der Speichel warm auf meine nackten Füße.

Lübeck: ich erinnere den Regen und die pistaziengrüne Polsterung der Stühle im Café Niederegger. Ich darf mir eine Marzipanfigur aussuchen: ein Schwein, rosige Haut, Ringelschwänzchen, in Zellophan gehüllt. Zu Hause stelle ich das Schwein in die Vitrine, neben die Mecki-Puppe. Nach einem Jahr ist das Schwein ausgeblichen, das Haltbarkeitsdatum abgelaufen; wir schmeißen es weg.

Du liegst eingebuddelt im Sand, nur dein Kopf schaut heraus; Sonnenschein von der Seite, hinten die weiße Seebrücke, Möwengeschrei; du lachst. Dann brichst du lachend aus dem Sand empor, rufst etwas, jagst uns nach, uns, die wir dich eingebuddelt haben. Die VHS-Kassette spielt deine Stimme ab, überführt sie in mein Jetzt, in dein Nicht-mehr-Sein. Deine Stimme: nicht deine Stimme; verzerrt, höher und zugleich tiefer, widersinnig transponiert. Das Gleiche in meiner Erinnerung: Annäherungen an deine Stimme, Variationen, Spielarten. Deine Stimme: mit dir begraben.

Die letzte Sequenz: ich, in einem regenbogenfarbenen T-Shirt, Mickey-Mouse-Brille, ganz blond, auf einer Holzbank sitzend, purpurfarbene Clematisblüten, Abendsonne. Du fragst, was das Schönste am Urlaub war. »Am schönsten war das Stallausmisten«, höre ich mich sagen. (Nicht meine Stimme.) Du sagst noch etwas, du bist nicht im Bild, führst die Kamera. Dann: schwarz, Ende.

Das Schönste war nicht das Stallausmisten: das Schönste war die Fahrt in den Urlaub, in den Morgenhimmel. Am Vorabend kann ich vor lauter Vorfreude nicht einschlafen. Um vier Uhr morgens stehe ich neben der Autotür, schlaffröstelnd, mein Kuscheltier in der Hand, den rechten Daumen zwischen den Lippen. Du verlädst die letzten Koffer. Wir fahren die ersten Straßen entlang, auf die Autobahn. Am Horizont knuspriges Rot. Ich schlafe ein, wache auf, schlafe noch einmal ein. Wir essen Teewurstbrötchen, die du am

Vorabend geschmiert hast; und vor uns: die Verheißungen eines ganzen Sommers.

*

Erlebnis einer Erinnerung: rastet ein, erscheint plötzlich als Standbild, hinter das Auge projiziert; fast nie Bewegungen oder ruckelfreie Bildabfolgen. Um das Standbild gruppieren sich die bildlosen Bilder, das Unsichtbare: Affekte, Gerüche, Gefühltes, Gehörtes, schon wieder verpufft, entronnen.

Erinnern: ein Tröpfeln und Quetschen aus dichter Erde; und viel, was versickert.

Als die Großmutter stirbt, bleibt die Uhr in der Nacht stehen, fällt von der Wand. Ich bin acht Jahre alt. Die Beerdigung der Großmutter ist die erste Beerdigung. Erinnerung: das Läuten der Kirchglocken, Schweiß auf meiner Stirn, gebogene Zweige, sattes Grün einiger Apfelbäume. Am Tag darauf kommt meine Schwester in die Schule.

Mit der Großmutter verbinde ich: das Traurige in den Augenhöhlen und den geviertelten Boskoop-Apfel auf dem Holzbrettchen, tiefbraun, zerritzt vom Apfelschneiden. Die Großmutter sitzt im Sessel, ein Beistellhocker trägt die geschwollenen Füße. Wir essen Apfelviertel, im Fernsehen läuft ein Fußballspiel, VfB Stuttgart gegen Bayern München; es ist Winter, sie spielen mit einem orangen Ball; ich darf die erste Halbzeit sehen.

Die Großmutter steht gekrümmt vor einem Johannisbeerstrauch im Hof, die Brille dickrandig, getönt, gepuffte Ärmel und florales Muster, blauer Grund, ein Rock; schräg dahinter steigt die Treppe, glänzt fast seifig. Ich erinnere: die Stimme der Großmutter, verzerrt, leiernd. In einer Hand hält sie eine Traube Beeren, schwarzer Stempel, die Haut prall und durchscheinend. Später: die ausgekochten Gläser neben dem Gasherd; Gummiringe trocknen auf einem karierten Spültuch. Vom Küchenfenster aus sehe ich in den Hof. Ich erinnere, dass ich *in* den Hof sehe, dass ich den Hof sehe, doch mir fehlt jedes Abbild. Ich erinnere den Akt des Sehens, nicht jedoch sein Ergebnis.

Die grüne Gießkanne, mit beiden Händen umgriffen: ich stehe leicht gebeugt auf der Mauer, hebe die Gießkanne, halb gefüllt, neige sie, und das Wasser umschwemmt die Blumen, bräunt die Erde, versickert. Davon bleibt eine Fotografie, 10 mal 15 Zentimeter. Die Fotografie ist die sicherste Quelle meiner Erinnerung, denn ich erinnere mich nicht eindeutig: Abbild und Urbilder verschwimmen.

Von einer Kur bringen mir die Großeltern einen Korb voll Seifen mit: Bastkorb mit Henkel, Bett aus Stroh; ich streichle mit den Kinderfingern über die weichharte Textur der Seifen, über die Einkerbungen einer Schrift; ich rieche: Lavendel.

Die Großeltern bringen mir das Monopoly-Spielen bei: ein altes Brett, an den Ecken abgegriffen, die Ereigniskarten vergilbt. Wir sammeln Münzgeld für ein neues Monopoly. Das ist das eigentliche Spiel: sparen lernen. Wir sammeln das Münzgeld in einem Einmachglas auf dem Regal neben dem Gasherd, vielleicht wochen-, vielleicht monate-, vielleicht jahrelang. 79,95 Mark: der Preis des neuen Monopoly-Spiels. Ich laufe an der Hand des Großvaters, als wir es im Spielwarengeschäft kaufen: ein auberginefarbener Karton, darauf ein Mann in Frack, den Zylinder lüpfend; die Hotels und die Häuser riechen nach Holzlack; die Spielfiguren: damals aus Gold (Messing).

Wir schlagen einen Baum im Wald: du, der Großvater, ich. Im Keller: zwei Handsägen, eine alte rote und eine neue gelbe, im Kopfbild neongelb, gewaltig bezackt, metergroß. Dazu noch ein Beil, farblos in der Erinnerung. Wir fahren in den Wald, der Großvater macht das öfters, hat einmal Ärger mit dem Förster bekommen, weil's verboten ist. Dann schlage ich, säge ich, hauen wir das Bäumchen kurz und klein. Ich erinnere mich an die Farbe des Laubs ringsum. Der Großvater zieht den Baum zum Auto. Dem Großvater fehlt ein Zeigefinger, rechts oder links, ist in die Wurstmaschine geraten. Später, im Keller (oder im Hof): ihr teilt das Holz, spaltet es mit dem Beil; der Klang stumpf, jäher Aufprall, Vibrato im Boden, dass die Füße kitzeln.

Der Großvater träumt von einer Schaffarm. Ein Fakt, gestützt durch unterschiedliche Quellen, durch meine eigene Erinnerung oder Einbildung einer Erinnerung: ich bin sechs Jahre alt, als der Großvater stirbt. Unklar jedoch: der Ort der Schaffarm, Irland oder Neuseeland; hier beginnt die Überlieferung, die Ungenauigkeit.

Warnaka, Neuseeland: ich wandere durch eine Hügellandschaft, heller Nachmittag; am Wegesrand eine Schafherde: 50, vielleicht 100 Schafe, butterkeksfarben. An diesem Nachmittag denke ich nicht an die geträumte Schaffarm des Großvaters. Ich sehe Schafe, blökend, Gras essend; ich gehe weiter.

*

Helgoland: 170 Hektar Fläche, im Jahr 1721 zerbrochen (ich habe nachgeschaut); du verbringst den ganzen Sommer dort, sechs Wochen, Jahr für Jahr, für die Haut und gegen ihre chronische Entzündung: Salzwasser, Meeresluft. Drei Wochen mit dem Vater, während die Mutter an der Kasse arbeitet, drei Wochen mit der Mutter, während der Vater an der Fleischtheke arbeitet. Die Pension ist in deiner Erzählung immer dieselbe, der Name entfallen. Wollschafe grasen nahe den Klippen, Wellen schlagen gegen die Steilküste; Buntsandstein, Muschelkalk.

Wir sitzen unter Deck auf einem Hochseekatamaran, das Meer tost, Wellen peitschen; ich übergebe mich in eine Brötchentüte. Später: Brücke zum Land, wankend, mein Fuß, der deinen Boden berührt; wattierte Wölkchen, Sonnenschein. In der Inselapotheke kaufen wir Reisetabletten. Du läufst vorweg; du läufst rückwärts. Ich erinnere: den Felsen, der Lange Anna heißt (du zeigst mit dem Finger drauf); das Bild einer rot-weiß gestreiften Markise vor einem Geschäft; Treppenstufen, auf- und absteigend.

Langeoog, wenige Tage vor dem letzten Jahreswechsel: ich sehe dich, auf einem Schiff, neben mir stehend; den Strand entlanglaufend, mit geröteten Wangen; ein Pferd streichelnd, kaffeepulverbraun; in einem Teehaus, mit beschlagener Brille; fahrradfahrend; auf einem roten Sofa sitzend, deine warme Hand an meinen Füßen. Ich sehe dich: auf ein Meer sehend. Im Profil dein Nasenflügel, rot bebend, darauf die neue Brille, nach vorn gerutscht; deine Jacke ist hochgeschlossen, dein Haar von der Chemotherapie ganz grau und licht; hinter deinen Augen leiser Abschied: enden, nicht enden wollen; die Wolken schieben sich grau und tief über die Tage; durch die kahlen Bäume fallen keine Sonnenstrahlen; das Wasser zieht sich zurück ins Meer, Steine klackern, Ebbe.

Das Meer, Singular, deines.

Der Strandhafer biegt sich im Wind, flattert in den Böen; die Wellen branden flach, schaumbekrönt; Möwen kreischen, kreisen; ich sehe hinab auf meine Füße, die knirschend den Sand verdrängen; ich laufe vor zum Meer: ein Meer sehen, dich sehen.

Ich habe hundert Meere gesehen seit dir; die Kämme der Wellen, manchmal gleichgültig trabend, manchmal eitel frisiert; gespaltene Felsblöcke, an denen sich die Wassermassen tosend brechen; scharfe Klippen, die mich hinabziehen, purpurn nach mir rufen; weiche Sandbänke vor Griechenland, das Ionische Meer, augenfarben; das Gluckern in meinen Ohren unterhalb der Wasseroberfläche, die Arme von mir gereckt; die salbeigrüne Ostsee an einem Januarmorgen; der feste, feuchte Sand unter meinen Füßen; der Sonnenball, spätabends am Horizont, ein Maitag.

Du willst noch einmal das Meer sehen.

Donner grollt über dem Dünengras, der Himmel violett und aschfarben; Wellen schäumen tollwütig, rasseln und klatschen, brechen auf dem flachen Sand, der wie ein dicker Querstrich zu allen Enden zerfranst; Blitze fasern durch den Aschehimmel, blinken für einen Moment wie eine Verbindung auf, bohren sich ins Wasser; Schiffe, als schwarzer Punkt ins Grau getuscht.

Du willst noch einmal das Meer sehen.

Links steigt der Wald grün an, Gestrüpp, Gebüsch, Kieferkronen, krümmt sich mit der Sandbahn; das Meer brandet zwischen den Buhnen, alle hundert Meter; eine einzelne Möwe fliegt dem Blau entgegen, schlägt mit den Flügeln, gleitet, schwarz im Gegenlicht; Federwolken treiben kilometerhoch über dem Nachmittag, zerfließen ins Blau; ein Lenkdrachen steigt, plustert sich auf, dreht aufs Meer; in meinen Ohren der Wind, manchmal Möwengeschnatter; das Licht streut auf der Wasseroberfläche, ich trinke Bier aus der Flasche, früher Abend.

Du willst noch einmal das Meer sehen.

Düne, Ansicht aus dem Sitzen: der Strandhafer trägt die Farbe von Sand, von glattem Haar, wiegt sich nach Osten, zehn Grad, die Halme borstig, gewachst; dazwischen: Stranddisteln, gezackt wie Festungen, dornend, einen blauen Kern beschützend; eine Flagge weht, schlottert, das Licht auf dem Toilettenhäuschen blinkt mattgrün, frei; ein Junge klettert barfuß über die Steinbrüstung, die Schuhe in der rechten Hand; über den Himmel tanzt ein bunter Drachen, schwingt nach links, nach rechts, zurück und wieder vor, tanzt und tanzt.

Du willst noch einmal das Meer sehen: irgendwann kommt immer ein Meer.

Du sitzt auf der fünften oder sechsten Treppenstufe, den Handballen gegen die Stirn gepresst, schluchzend, hektisch atmend; die Korkverkleidung zwischen den Stufen wellt sich an den Rändern; über deinem Kopf dein Bild vom Zirkus, rot-weiß gestreiftes Zelt, ein Löwe. Du weinst. Wir streiten, wir alle. Du entschuldigst dich: für dich, für alles. Und wir weinen.

»Entschuldigung« (Wort): du entschuldigst dich ständig, manchmal präventiv; die Entschuldigung ist dein Angstwort, gibt deiner Angst vor dem Verlust eine Form und in der ewigen Wiederkehr des immergleichen Worts: eine Ordnung.

Die Enge, das ist auch: der Streit als hilfloses Ritual.

Manchmal brichst du am Ende eines Streits schnaubend aus der Tür, den kleinen Hund geleint; du schreist leise: »Ich spring von der Brücke.« Die Tür fällt ins Schloss, mein Kehlkopf zieht sich zusammen, ich ringe nach Luft, sehe deinen Rücken in der grünen Jacke; du biegst nach rechts, am Buchsbaum vorbei, aus dem Sichtfeld. Durch das Fensterglas bellt der kleine Hund. Ich laufe dir nach, durch den Wald, über die Brücke, unter der die Autobahn entlangführt. Ich beuge mich über das Geländer, ich sehe in einen grauen Abgrund: der Beton zittert unter einem Lastwagen. Ich höre das Bellen des kleinen Hundes, schaue auf. Du bückst dich zu ihm hinunter, streichelst ihn hinter den Ohren; deine Nase läuft, du schniefst; dein Gesicht noch blutig rot. Du entschuldigst dich.

Die Brücke, nachmittags: ich halte den kleinen Hund an der Leine, fahre mit dem Finger über das Metallgitter, quadratisch, gewellt: Sinuswellen, dein Herzschlag; es rattert stumm, ich erinnere das Rattern genau; der kleine Hund bellt gegen den Wind an; eine Böe pustet in mein Gesicht, bläst die Haare durcheinander, drückt gegen den Mund, die Nase: ich schnappe nach Luft.

Ich sitze versteckt in den Büschen unter der Brücke, rauche Zigaretten, trinke Bier; das Herannahen der Autos wie ein langes Einatmen; Bremsspuren, die von der Straße führen, abrupt enden; eingedellte Planken am Fuß der Böschung.

Die Brücke: die Furcht vor dem Geräusch des Aufschlagens.

Die grüne Langlaufleine und der schwarze Knopf: ich erinnere das Geräusch, mit dem der Bolzen einrastet: ein helles Klacken, kurz nachschrappend. Die Leine stoppt, das Seil spannt sich und der kleine Hund, gerade noch rennend, prallt zurück wie ein Ball gegen eine unsichtbare Wand. Er bellt, jault, beschwert sich; er läuft weiter.

Meine Kinderhand gräbt sich in das glitschige Maul des klei nen Hundes. Er jault, windet sich, schnappt nach Luft. Meine Finger suchen, finden ein Stück Hartplastik, daumengroß, eingespeichelt, säuerlich riechend. Ich erinnere mich an die Form des Plastiks und an das Licht, das durch die Terrassentür fällt.

Tierfutterfachmarkt (ein Geruch): der rutschige, leicht gekörnte Estrichboden; die Rillen des hellgrünen Wellblechs; der Gang mit den Hundefuttersäcken: auf Europaletten geschichtet, nach Körpergewicht der Tiere sortiert; die Poloshirts der Verkäuferinnen, Piepen des Kassenscanners, eine Schiebetür, draußen greller Sonnenschein und noch Minuten später, während ich vom Rücksitz aus über deine Schulter auf den flirrenden Asphalt schaue, der stechend süße, kompostige Geruch in meiner Nase.

Der kleine Hund, der sich vor Autotüren fürchtet, der in Autotüren beißt, sich mit den Schneidezähnen im Hartplastik der Türverkleidung verkantet (Abdruck zweier Zähne). Der kleine Hund, mit dem du jeden Morgen vor der Arbeit Gassi gehst: sechs Uhr in der Früh. Der kleine Hund, den du nie wolltest. Der kleine Hund, den du verfluchst. Der kleine Hund, den du umsorgst. Der kleine Hund, der erst stirbt, als du schon todkrank bist. Der kleine Hund, den ich verfluche. Der kleine Hund, die Enge.

Die Enge ist der schwarz lackierte Opel Astra: ein Neuwagen, gekauft nach jahrelangem Sparen, wochenlangen Preisvergleichen, Überlegen, Verhandeln. Der Geruch der Kunststoffe: der Geruch des Neuen. Ich bin sieben Jahre alt. Ich erinnere: den Namen des Autohauses, den dunklen Teppichfußboden mit weißen Punkten im Büro des Verkäufers, das Rascheln und Knittern der Vertragspapiere.

Die Enge ist das Schachtelhaus, das das zweite von sechs in einer Reihe ist: die Terrakottafliesen im Flur, die bestickte Tischdecke auf dem Esstisch, das Weichholzmobiliar, die Überfülle in den Schränken, die wenigen Schritte, mit denen ich das Wohnzimmer durchmesse, mit dem Zeh gegen den Sessel stoße. Und der Geräteschuppen heißt Schuppen, weil wir keine Geräte haben, weil wir keinen Garten haben, für den man Geräte braucht, weil da bloß Steinplatten liegen, Steinplatten aus Waschbeton, festzementierter Buntkies.

*

Gleis 1, Ende September: wir warten, Regen nieselt, und ich rauche eine Zigarette. Du hast auf der Autofahrt geweint. Neben mir ein großer und ein kleiner Koffer, von Lidl, beide übervoll gepackt. Ich erinnere kein Wort. Du hilfst mir mit den Koffern in den Zug; deine warme Hand an meiner. Ich sehe dich durch die Fensterscheibe. Ich bin 19 Jahre. Ich denke, ich verlasse die Enge, doch das stimmt nicht: die Enge ist kein Ort.

Die grüne Jacke (Zerrbild): Landstriche ziehen grünbraun vorbei, kahles Geäst, eine Altmetalldeponie, Industrieparks, Einfamilienhäuser, Fenster wie traurige Augen, 220 Kilometer pro Stunde; Windräder durchkämmen den Nebel, zerschneiden das Nichts: in Nichts. Ich sehe ein Bild, das kein Bild ist: die grüne Jacke, deine grüne Jacke; ich sehe dich die Haustüre öffnen, schließen, aus dem Nebel kommen und wieder in den Nebel gehen, immer eingefasst in die grüne Jacke, von der das Bild fehlt; die grüne Jacke, die du jahrelang trägst, vielleicht ein Jahrzehnt, die mit Fleece oder etwas Ähnlichem gefüttert ist; außen: regendichtes Material; ich erinnere die Eigenschaften, den Eigennamen (*die grüne Jacke*), den Kontext, doch mir fehlt das Bild. Es ist nicht unscharf; es ist nicht *da*.

Die Innenstadt ist abgesperrt; Radrennfahrer umkreisen einen Stadtring; aus der Ferne Widerhall einer Kirmesstimme. Ich ziehe in ein neues Zimmer, wir tragen Kisten in das Wohnheim, fünfter Stock. Wir kaufen noch ein, bei Lidl, du bestehst darauf: *dass auch genug da ist*, dass ich genug habe; ich erinnere mich an die Pestogläser, drei rote und drei grüne; ich verstaue sie unten im Schrank. Am Abend trinken wir ein

Glas Bier, das Radrennen ist vorbei. Später: der Opel Astra biegt vom Parkplatz, du winkst aus dem heruntergelassenen Fenster. Ich winke zurück, im Gehen.

Du besuchst mich in meinem Studentenzimmer, ergrauter Frühlingstag: du bist schon schwer krank; der Opel Astra parkt auf dem Seitenstreifen; ich zeige dir den Markt: die rotweiß gestreiften Planen der Gemüsestände (*dein Bild vom Zirkus*); wir kaufen mit Knoblauch gefüllte Oliven, Backfisch im Brot und einen Käse, der Tomme de Montagne heißt. Später essen wir an meinem Schreibtisch; draußen tobt ein dunkler Wind.

Ein Rapsölfleck auf dem Parkettboden in meinem Zimmer, das Holz handgroß verdunkelt; der Vermieter behält die Kaution ein, schleift den Boden ab: für 345 Euro. Du weinst auf dem Parkplatz. Du bist schwer krank, viel zu schwer krank. Wir beruhigen uns, ich beruhige dich, mich. Die Versicherung erstattet den Schaden, Wochen nach deinem Tod.

*

Die Angst gehört zu dir, seit ich mich erinnern kann: Angst vor Zurückweisung; Angst, nicht zu genügen; Angst, nicht genügend zu haben, bieten zu können; Angst, ein Kind zu verlieren; Angst vor dem Ende der Liebe, des Geliebtwerdens; Angst vor einer Demütigung; Angst vor Krankheit. Ich sehe das Flimmern in deinen Augen, das feuchte Rossbraun: du, auf der Treppe sitzend, dich entschuldigend; unter Tränen dich selbst bezichtigend: aus Angst.

Wo beginnt deine Angst?

Du bist 17, als sich die Mutter ans Herz greift, vielleicht an der Wand hinabsinkt, sich vielleicht setzt, hinlegt oder umfällt, während der Arbeit, danach, davor. Du bist dabei oder stößt dazu oder erfährst erst später davon: all das weiß ich nicht genau, ist begraben mit dir, ihr. Der erste Herzinfarkt: hier setzt die Angst ein, der Flimmerblick; so erzählst du es, wenn ich dich danach frage.

Du bist 29, als die erste Frau, die Mutter des Halbbruders, sich nachts aus dem Schlafzimmer schleicht, im Dunklen den Nachbarsmann trifft; als du an einem Nachmittag von der Arbeit kommst, und das ganze Haus ist leer, jeder Raum: leer; kein Brief, kein Wort; das leere Kinderzimmer ohne Kind; der Lampenanschluss baumelt aus einem Loch in der Decke; das Fenster steht auf Kipp, Blütenpollen, Rückstände von Tesafilmstreifen; eine einzelne Reißzwecke steckt noch in der weißen Raufasertapete, hält die abgerissene Ecke eines Buntstiftbildes: eine Sonne mit sechs Strahlen.

Die Jahre danach (Akteneinsicht, Erzählungen): man wird dir vor Gericht vorwerfen, dass deine entzündete Haut der Grund für das Scheitern der Ehe ist. Man wird intime Details deiner Erkrankung, deiner Körperhygiene vor Fremden verhandeln. Man wird argumentieren, dass es keinen Betrug mit dem Nachbarsmann gegeben hat, dass du dir alles nur eingebildet hast. Es wird ein Zeuge auftauchen, der beweisen kann, dass es einen Betrug gab, dass die erste Frau sich nachts immer wieder davonschlich. Der Zeuge, der als Anstreicher arbeitet und gelegentlich in der Nachbarschaft mit Malerarbeiten aushilft, ohne eine Rechnung zu schreiben, wird einen anonymen Brief erhalten, in dem ihm gedroht wird, seine Schwarzarbeit anzuzeigen, und er wird nicht aussagen. Man wird versuchen, dir das Sorgerecht für den Halbbruder zu entziehen. Man wird dir den Halbbruder schließlich alle drei Wochen für ein Wochenende überlassen. Man wird dich für die Übergabe an eine Autobahnraststätte am Niederrhein zitieren, und der Nachbarsmann (blondiertes Haar, große weiße Zähne, rheinische Brüllstimme) wird dir immer wieder Schläge und noch Schlimmeres androhen. Man wird dich immer wieder verklagen, für noch ein bisschen mehr Geld.

Du ziehst in eine kleine Wohnung, im selben Haus wie die Großeltern. Du beginnst noch einmal von vorn. Du fährst die Strecke zum Niederrhein alle drei Wochenenden: am Freitagmittag 83 Kilometer hin, 83 Kilometer zurück, am Sonntagmittag 83 Kilometer hin, 83 Kilometer zurück, fünfzehn Jahre lang, bis der Halbbruder den Führerschein macht.

*

Einmal ertrinke ich beinahe: ein Schulausflug, eine Kanutour, ein Fluss, Flussbeuge, im Schilf ein Schild: »Kraftwerkseinfahrt, Lebensgefahr«, Strömung, Geschrei, Kentern; das Wasser ist ockerfarben, auch unter der Oberfläche. Ich huste, verschlucke mich. Ich treibe auf ein schwarzes Tor zu; das Wasser zieht an mir, Gurgelgeräusch, Sirenen, jemand zieht an mir, der Kanulehrer zieht, schreit, zieht mich auf sein Kanu. Im nächsten Bild sitze ich dort, nass, zitternd; später sitze ich auf dem Sofa, in eine Wolldecke gehüllt; ich esse Schokolade mit Mandeln; ich erinnere deine roten Nasenflügel, während du aufgeregt mit meiner Lehrerin telefonierst.

Ein Julitag, 32 Grad; wir telefonieren: du sagst mir, dass du Krebs hast; ich gleite an einer Glastür zu Boden. Ich sehe das Ende. Ich sehe mich an deinem Sarg stehen, sprechen. Der Tag, an dem meine Angst beginnt: Julitag.

Deine Stimme am Telefon ist klar, präzise. Du sagst, was nun getan wird, Satz für Satz, ganz ruhig, und es scheint, als würde mit der Diagnose jede Angst verpuffen. Erwartung und Erfüllung haben sich berührt: weiße Kittel, Chemotherapie, du kannst das Ende sehen.

Das Grün der Linden um die Kreuzkirche, vom Balkon aus besehen; die Sonne steht hoch, brennt; Menschen sitzen auf der Terrasse des Cafés, geschützt unter einer gestreiften Markise. Ich warte auf die Nacht, rauche Zigaretten, warte auf den Anfang vom Ende, auf den nächsten Tag: dich zu sehen, dich zu retten.

*

Kommissar Rex: der Schäferhund springt durch eine Fensterscheibe, klirrend, nimmt eine Fährte auf, bellt, verbeißt sich; Tobias Moretti zückt eine Pistole, schießt; Handschellen klicken, der Schäferhund schnappt eine Wurstsemmel, die Tobias Moretti in die Luft wirft, schlingt, springt auf den Beifahrersitz eines silbernen BMW; ich bin sieben Jahre alt; ich lerne die Mechanik des Rettens: die Zuspitzung und dass es gut ausgeht. Fängt es dort an, dass ich dich retten will?

Mit fünfzehn will ich reich werden: um dich glücklich zu machen; um dir die Angst zu nehmen, dass wir nicht genug haben; um mit dir an Silvester nach Sydney fliegen zu können; um dich zu retten, irgendwie.

Silvester in Sydney, mit dem Postschiff entlang der Hurtigruten, eingeschneit auf einer Nordseeinsel: Projektionen, Metaphern; ich kenne deine Träume nicht.

Ich säge, säge, bis die Tanne kippt, bis kurz darauf die zweite Tanne kippt und leise ächzt. Ich säge mit der gelben Säge des Großvaters. Ich stehe mit den Füßen auf den Trittsteinen seines Grabs. Ich fälle die Tannen, die der Großvater einst gepflanzt hat. Sie sind zu groß geworden, der Beschränkung entwachsen. Ich trage Handschuhe, es ist Winter. Wir ziehen die gefällten Tannen über den Schotterweg, über Pflastersteine, stellen sie auf, betten sie auf dem Komposthaufen, dass sie wieder Erde werden, dass es von vorn beginnt. Wir sagen nichts, was ich erinnere.

Der Stumpf der Tannen, Jahre später: moosig, morsch, noch einige Zentimeter aus dem Boden ragend. Die Wurzeln: unsichtbar im Braun, Urbild ohne Abbild, Kraft entkoppelt von Masse. Neben dem Großvater liegt die Großmutter. Dein Grab ist das daneben; wiederum daneben: Freifläche, Wiese; im Frühsommer blüht der Löwenzahn.

Du magst den Frühling am allerliebsten: weil es dann von vorn beginnt, weil alles aufgeht, aufblüht. Der Frühling sagt: es ist noch nicht vorüber; vielleicht ist da kein Ende, weil der Anfang fehlt.

*

Du baust für ein paar Groschen das Zirkuszelt auf. Für die Premierenvorstellung bekommst du eine Freikarte. Du bist zehn oder elf Jahre alt. Du siehst sie zaubern, jonglieren, sich überschlagen und in die Luft werfen; ein Mann reitet auf einem Schimmel, das Licht bricht sich im Kunstnebel, flirrt, die Manege staubt auf; die Plane des Zirkuszelts: rot-weiß gestreift (du wirst es später immer wieder malen); eine Jahrmarktstimme kündigt den Zauberer an; alles bewegt sich nach vorne wie Tanzmusik; krauser Nebel ummantelt die Magie, beschützt sie vor ihrer Enttarnung. Du sitzt auf einer Holzschale in der vierten Reihe. Du kommst wieder, Jahr für Jahr.

Zirkuswagen: dunkelgraue Metallstreben, dazwischen zerkratzte Scheiben, blutorange getönt. Wir liegen auf dem Teppich. Ich erinnere deine Hand, deinen Zeigefinger, der die Tür des Zirkuswagens öffnet, eine Rampe befestigt, einen Löwen aus dem Wageninneren in die Manege führt.

Deine Augen, beobachtend, bewundernd: braun wie Rosshaar in der Februarsonne; ein Braun, dem das Grün unsichtbar eingeschrieben ist: die Unrast, Hektik, das Hin- und Herflackern, alles Unerledigte; die Angst, wie eine Messerspitze, metallen; die Freude, kindlich, sich manchmal überschlagend, aus dir herausbrechend; das Leuchten an den Rändern, Zucken der Mundwinkel, unsicher; die Traurigkeit, dahinter, weit dahinter.

Die Enge ist auch: die Abwesenheit von Unerklärlichem, von Magie.

Der Teppich in unserem ersten Kinderzimmer: graublau, ohne Muster. Du liegst auf dem Boden, ein Bein seitlich aufgestellt, auf den rechten Arm gestützt. (Erinnerung an deinen Ellbogen.) Ich sehe von oben zu dir hinab, mein Kopf zwischen den Holzgitterstreben des Hochbetts, meine Finger gewärmt unter der Flanelldecke. Durch die halb geöffnete Tür fällt Dämmerlicht aus dem Wohnzimmer. Du erzählst uns Geschichten: du erfindest uns eine Welt.

Wurzelberg, rechts vom Weg, einen halben Meter erhöht, moosumwachsen: fällt wie ein Kleid zu allen Seiten, wellt sich, knorpelt an manchen Stellen, in der Fläche grob geschuppt, eher stein- als holzfarben; schräg hinten (vom Weg besehen): eine Aushöhlung, kindsgroß; dort leben die Figuren, von denen du uns jeden Abend erzählst; dort ist kein Baum, kein Astloch, keine Wurzel, nichts Unverschlossenes; dort ist keine Wunde, dort ist ein Zuhause; dort haust ein Imaginäres (deines).

Wintermorgen, Dezember, es finstert. Ich bin fünf Jahre alt. Ich klettere aus dem Hochbett, langsam und leise; die Streben knarzen unter meinen nackten Füßen, der Teppich dämpft meine Schritte, kitzelt an den Zehen. Ich gehe vor zur Spielzeugkiste unter dem Fenster, und im Mondlicht verwandeln sich die blauen Bauklötze in türkise, fast smaragdfarbene Steine. Ich streiche über die Kante; ich erinnere: die Form des Mondes und jeden Farbton dieser Nacht.

Dasselbe Fenster, ein Jahr zuvor oder zwei: meine Schwester liegt auf dem Wickeltisch, meine Mutter zieht ihr frische Windeln an; Musik einer Spieluhr, Dottergelb der Stehlampe. Ich renne, dorthin, gerate aus dem Tritt und pralle mit dem Kopf gegen die Heizungsstreben unter dem Fenster. (Der Moment vor dem Aufprall: aus einer unmöglichen Vogelperspektive erinnert.) Die Narbe auf der Stirn: zwei Zentimeter lang, sitzt schräg über dem rechten Auge, ölig braun, leicht emporstehend wie ein eingesticktes Initial.

Meine Narbe sitzt beinahe genau dort, wo sich deine Stirnhaut rot-weiß schuppt, wo die Wunde immer wiederkehrt, wo die Wunde nie ausheilt, weil sie nicht zum Heilen gemacht ist, weil sie Wunde *ist.* Die Psoriasis ist eine Krankheit der Repetition; *und ich wiederhole:* Auftürmen der Hautschichten, Schuppenbildung, Juckreiz, starker Juckreiz, kratzen, blutig kratzen, beruhigen, eine Schorfschicht, Scheinheilung, Auftürmen der Hautschichten.

Und ich wiederhole.

Die Psoriasis: dein Takt, Rhythmus.

Der Riss im Immergleichen: an einem Tag schiebt sich ein neuer Wirkstoff eines neuen Medikaments in den ewigen Zyklus der Psoriasis, durchbricht die Schlaufe, die Vorhersehbarkeit der Dinge; deine Wunden verheilen nun wie Wunden, sie verflüchtigen, verzeitlichen sich, entkoppeln dich von ihrem Takt. Du nimmst das neue Medikament in höchsten Dosen; einmal pro Monat werden deine Blutwerte kontrolliert; das Medikament wirkt und wirkt und wirkt, deine Haut findet zur Ruhe, vielleicht findest auch du Ruhe.

Ein neuer Anfang: vielleicht der Anfang vom Ende.

*

Dein Bauch: immer gewölbt, changiert über die Jahre zwischen leicht konvex und kugelig. Dein Bauch, der immer straff nach vorne steht, nicht adipös, sondern bloß beladen, übervoll, gebläht von all dem, was zu viel ist. Dein Bauch, in dem sich die Angst ablagert: die Angst und der Frust.

Dein Bauch: wann hast du je auf ihn gehört? Dein Bauch, der schützt und wärmt. Dein Bauch, der den Krebs hütet, nährt.

CUP-Syndrom: *cancer of unknown primary*. Wo fängt etwas an? Wo fängt ein Ende an? Wie kann etwas ein Ende sein, das keinen Anfang hat?

Nach der ersten Diagnose fahren wir für eine Woche an jedem Morgen in ein anderes Krankenhaus, zu einem anderen Arzt, zu einer anderen Untersuchung: der Krebs wird analysiert, vermessen, berechnet. Die Sonne scheint an fast jedem Tag, nur an einem Morgen regnet es. Am Samstagabend gehen wir ins Kino. Ich habe vergessen, welchen Film wir sehen. Ich erinnere: das Öffnen der Parkhausschranke, die Farbe der Kinosessel (blau).

Jemand schenkt ein Kochbuch gegen Krebs; wir googeln, fragen, lesen: Himbeeren gegen Krebs, Leinöl gegen Krebs, grüner Tee gegen Krebs, Rote-Beete-Saft zur besseren Verträglichkeit der Chemotherapie, Kurkuma für das Immunsystem usw.; wir sind (aus dem Jetzt besehen): ohnmächtig, Menschen in der Natur.

Ich fahre mit dem Fahrrad, ich rieche die See: salzig, schwefelnd, fast bläulich; Wellen rollen, Kinder quietschen; meine Schwester fährt vor mir; ich nehme die Hände vom Lenker, breite die Arme aus; Wind flattert unter meinen Achseln, um meine Brust. Du bekommst die erste Chemotherapie, drei oder vier Beutel, injiziert über den Port unter der Haut am Schlüsselbein (die Venen würden sonst verätzen); du schreibst uns eine SMS, dass es dir gut geht. Am Abend essen wir Fisch: mein Gericht kostet 15 Euro.

Auf dem Bild sieht man nichts. Genauer: nichts, was auffällig wäre. Dein Bauchraum klemmt schwarz-weiß tomographiert vor einer Neonlampe. Für einen Moment in der Zeit ist der Krebs nicht da, nicht medizinisch nachweisbar, durch die Chemotherapie unterdrückt, auch mit Kontrastmitteln und modernstem Gerät nicht sichtbar zu machen.

Paradoxon der Tomographie: der Krebs ist nicht und ist doch. Präziser: er ist nicht nachweisbar und ist doch. Der Krebs, das wissen wir, erholt sich bloß: im Unsichtbaren.

Wir hoffen: vergebens.

Spätsommer, die letzten Tage: wir kaufen Flüssignahrung in der Apotheke neben MediaMarkt; Erdbeergeschmack, Schokoladengeschmack. Ich erinnere: das Einparken, das Ausparken.

Ich stehe allein an deinem Grab; die Augen suchen: den Ort, auf dem sie ruhen dürfen; die Erde, die Pflanzen, die Himmeldecke, ein Kieselsteinchen, Schotterweg, Vogelschwarm. Ich tipple mit dem Fuß, kreise auf dem Fußballen. Ich fühle mich beobachtet. Ich bin allein. Du bist nicht mehr. Wir streifen uns. Ich stehe inmitten der Natur.

Früher Sonntagmorgen: meine Schwester und ich operieren Stoffpinguine; wir schneiden sie bäuchlings auf, reißen das Herz und die Gedärme aus Füllwatte heraus, stecken ihre Körperhüllen in ein leeres, ausgespültes Würstchenglas, füllen es bis zum Rand mit kaltem Wasser, verschließen den Deckel, verstecken das Glas im Kleiderschrank unter den Winterpullovern. Ich denke daran, als ich in Shoreditch im Restaurant Tramshed sitze: schräg über mir eine tote Kuh und darauf ein toter Hahn, in Formaldehyd eingelegt, mundspülungsfarben; ein Kunstwerk von Damien Hirst.

Ich fahre mit meiner Zunge über meine Backenzähne, über die Kunststofffüllung des vorletzten Backenzahns. Ich weiß, dass sie dort ist. Ich war beim Bohren dabei, beim Saubermachen, beim Kunststoffspritzen, beim Aushärten. Ich fühle keine Kante. Wo ende ich? Was bin noch ich?

Ein Freitagnachmittag, Autobahn Richtung Niederrhein: es qualmt plötzlich aus dem Armaturenbrett; du parkst auf dem Seitenstreifen; wir gehen im Entengang zur Notrufsäule, warten hinter der Leitplanke; es ist sehr sonnig. Irgendwann steigen wir in einen Lastwagen. Ich bin sieben Jahre alt. Ich erinnere diese Szene wie einen Film, gedreht als Supertotale von einem Kamerahubschrauber aus: ich erinnere *mich*, aber als anderer, als Form: von hinten, von der Seite, von vorn.

Widerrede: mein *Ich* ist eine Grenze zur Welt, der Welt; jedes *Ich* ist eine Grenze zur Welt, der Welt.

Dein Unterarm, mein Unterarm: Härchen sprießen aus den Furchen zwischen den rhombischen Feldern; aus etwas Ferne besehen: ein Flaum, helldunkel, auf einer geschlossenen Decke, Grenzgewächse. Eine Haut ist eine Grenze zur Welt. Eine Haut trennt innen von außen, das Sein und die Welt. Eine Haut ist eine Form des Seins in der Welt. Eine Haut ist eine Verbindung zwischen dem Sein und der Welt. Eine Haut ist semipermeabel. Die Verletzung einer Haut bedeutet die Verletzung einer Grenze.

*

Die erste Grenze, die ich überquere: ich setze einen Fuß nach vorn, ich stehe in einem anderen Land: Luxemburg; ich bin sechs oder sieben Jahre alt; ich erinnere nicht mehr, warum wir dort sind; ich erinnere: die Aufregung vorab (eine Grenze, ein anderes Land), das Brückengeländer, meine gespreizten Beine: mit Milchzähnen in zwei Ländern stehen. Die Schatten meiner Unterarme fallen auf den Asphalt, Menschen gehen an mir vorbei. Einige Zeit verharre ich mit den Füßen in zwei Ländern und warte, dass irgendetwas passiert.

*

Die Wand, in der sich Super Mario spiegelt, ist aus Glas. Sie liegt auf einer grün beweideten Anhöhe. Es läuft psychedelische Videospielmusik, am Bildrand blöken Schafe. Ich drücke immer wieder auf A, Springen, A, A, A. Und Super Mario springt: gegen die Wand aus Glas, immer wieder, wird zurückgestoßen und springt noch einmal. Dahinter: das Nichts, das Ende eines Codes, der Vorstellungskraft: eine Wand aus Glas, in der wir uns spiegeln, verdoppeln.

Vielleicht ist es das: (ich will) einen Ausweg finden, bloß: woraus eigentlich?

Traumbild: ich laufe durch einen Wald voll Tannen, entlang der Schneise, die Schnee führt; Schritte knirschen, mahlen; in der Ferne: Kontur einer Hütte, ein gelbes Licht, dein Gesicht, schraffiert, undeutlich, doch *da*.

In meinen Träumen seit deinem Tod bist du nicht tot. Du bist krank, manchmal sehr krank, aber niemals tot. In meinen Träumen gibt es einen Ausweg, ein Davor oder: ein Dahinter.

Du kennst die Täler und die Berge von Google Earth, die Abenteuer aus dem Fernsehen, später: dem Internet. Wir sehen zweimal den Film über den Mann in der Provence: Wein, Brot, Weichkäse, Abendsonne. Beim zweiten Mal bist du schon schwer krank. Das ockerfarbene Licht von Roussillon strahlt warm aus dem Flachbildfernseher. Du liegst auf dem Sofa, ich sehe von der Seite auf deine Augen; auf deiner Brille: ein Fingerfleck.

Das Wasser staut sich im Oberbecken des Springbrunnens, spannt sich in der Fläche, tropft durch Moos, tropft über den Rand, tropft wie feiner Sommerregen hinab. Die Sonne steht hoch über der Place d'Albertas. Du trägst ein Hemd, weißer Grund und grüne Streifen, die Ärmel hochgekrempelt; auf deinen Schultern mein alter Schulrucksack, schwarze Polyesterriemen, gefüllt mit Wasser, Äpfeln, Butterkeksen; *dass auch immer genug da ist.* Du schaust an der Kamera vorbei, aus dem Bild heraus; du schaust auf etwas, das ich nicht sehe. Dein Haar steht grau von deinem Kopf, in deinem Rücken grünen die Platanen; später trinken wir Espresso.

Das Appartement liegt eine halbe Stunde außerhalb der Stadt; wir laufen durch die warme Nacht, queren den Cours Mirabeau, laufen hintereinander durch schmale Gassen, über schief gepflasterte Bordsteine. Du entschuldigst dich, immer wieder: dass der Weg so weit ist, dass du kein Appartement im Stadtzentrum gebucht hast, später, dass das Appartement klein und ungemütlich ist. Ich erinnere: den runden Glastisch, an dem wir Wein trinken; die Textstelle, die ich dir vorlese. Am nächsten Morgen liegt ein Nebelschleier auf der Stadt; basaltgraue Wolken schieben sich zum Mittelmeer; in der Ferne beginnt es zu donnern.

In meinem Appartement, elf Quadratmeter, der nächste Tag: das Fenster steht offen, der kleine Kühlschrank surrt; durch die weit heruntergelassenen Rollläden fällt Licht in dünnen Streifen; wir essen Baguette mit St. Félicien, Wäsche hängt über einem Stuhl; ich, auf dem Bett liegend, schaue in die Kamera; meine Schwester, auf dem Stuhl sitzend, schaut in die Kamera; am rechten Bildrand lehnt der Rucksack gegen den Wandschrank; du bist nicht im Bild.

Du bist für vier Tage in der Provence. Als du landest, warte ich am Flughafen. Ich trinke gezuckerten Espresso aus einem Plastikbecher, ich trage eine Sonnenbrille von H&M. Ich erinnere: deine Augen und die weit ausgestreckten Arme, als sich die verspiegelte Sicherheitstür öffnet.

Deine Haut: so braun; die dunklen Haare auf dem Unterarm.

Die Sonne brennt senkrecht auf unsere Köpfe. Ich erinnere: den Geruch deines warmen Haars, die Lavendelfelder auf dem Weg nach Arles, eine Fotografie, du, in einer Altstadtgasse in Marseille, in schwarzem T-Shirt, über meine Schulter schauend, schattenlos.

Ein Feld, mit meterhohen Sonnenblumen bedeckt, aus dem Autofenster gesehen: hineinfallen, den Blütenkleber an den Händen, das Summen der Bienen; vom Boden aus die Kelche der Sonnenblumen unter blauem Himmel sehen; ihre Schönheit bloß erahnen.

Der letzte Sommer legt sich wie ein Tuch aus Seide auf den Zeitstrom; eine warmgelbe Sedimentschicht in dem, was ein Gestein wird.

Der Krebs ist unsichtbar, seit Monaten.

Ich laufe und laufe: über Kopfsteinpflaster, durch Gassen, Parks und Felder, auf Sandböden, Asphalt, Kieselsteinen. Ich erinnere: die flachen Meereszungen bei Marseille, meine Fußknöchel in nassem Sand versunken; das türkise Wasser in der Schlucht bei Verdon; der Wind auf dem Gipfel der Sainte-Victoire. In den Nächten rauche ich, den Kopf schräg aus dem Fenster geneigt. Eine kleine Flasche Heineken steht halb leer auf dem Fensterbrett, der Kühlschrank surrt.

Das sechste Gebäude in der Avenue Jules Ferry: der Rauputz; Fensterquadrate, hinter denen ich liebe; Erdbeeren auf einer Decke, nachmittags, Parc Jourdan; das Federn eines Namens und das hellgelbe Sweatshirt (*die Farbe der Quitte*); Marlboro-Zigaretten mit Menthol; die gestreiften Markisen; und die Nächte: pechschwarz, traumlos.

Namenlose Straße, Aix-en-Provence: ich laufe die Straße an jedem Sonntag entlang; ich biege von der breiteren Straße mit den Geschäften in die Straße ein; an der Ecke trägt ein Blumenkasten lilablaue Hyazinthen; die Straße führt sanft hinab, läuft wie ein Trichter zu; bei gutem Wetter kann man in der Ferne die Spitze der Sainte-Victoire sehen; nach einigen Schritten zünde ich eine Zigarette an; ich laufe durch mich selbst, ich schreite mich ab; ich laufe durch das fremde Gebiet, das ich mir bin, Sonntag für Sonntag.

Ein Abend, wochentags, ein Sushi-Restaurant nahe dem Cours Mirabeau: ich sitze mit zehn oder elf Kommilitonen an einer langen Tafel; ich trage ein schwarz-rot kariertes Hemd; ich sitze am Kopfende, es gibt ein Foto davon; ich esse zum ersten Mal in meinem Leben Sushi; ich tue so, als würde ich es kennen.

Die Enge ist gestaltlos, ortlos, raumlos; die Enge enthält sich selbst; die Abwesenheit der Enge bezeichnet nicht die Weite (und nichts Weiteres), sondern lediglich: die Abwesenheit der Enge.

*

Ich streiche über die Kruste: bräunlich, hell und dunkel ausgehärtet, wie karge, unbewohnte Landschaft, mit Klippen, Spitzen, Tälern, Erdlöchern; ich reiße ein Stück ab, noch warm, und es raschelt, Krümel und Mehlstaub fallen in meinen Schoß; ich beiße in das Brot: Abendbrot; später Parc Jourdan, eine Spätsommernacht, das hellgelbe Sweatshirt, Farbe der Quitte.

*

Das Anfangs- und Endstück vom Brot nennst du Knäppchen; ich mag das Knäppchen am liebsten, noch heute.

Abendbrot: im Fernsehen läuft Werbung; du hältst das große Brettchen in beiden Händen, stellst es auf den Wohnzimmertisch; ich erinnere: den braunen Sofastoff an meiner Kinderhand. Das große Brettchen: kreisrund, dunkles Holz, darauf: Vollkornbrot, die Scheiben halbiert und dünn mit Margarine bestrichen, Schmierwurst (für mich), Leberwurst (für meine Schwester), Gouda, Salami, Zervelatwurst, Lachsschinken; die halbierten, belegten Scheiben: im Kreis angeordnet, sich überlappend. Im Fernsehen läuft *Wer wird Millionär?* oder *Wetten, dass…?* oder ganz selten *Domino Day*. Es gibt kein Bild von dem Brettchen und den halbierten Brotscheiben; es gibt das Brettchen nicht mehr.

Teestündchen: ein Teelicht brennt, eine Flamme wippt, wärmt meine Hand, wärmt den Tee in der Zwiebelmusterkanne, Vanilletee (aromatisierter Schwarztee). In einem Schälchen brauner und weißer Kandis, in daumennagelgroßen Stücken. Ich lutsche ein Stück Kandis, der Zucker legt sich als Film auf meine Zunge und mein Zahnfleisch; nach einigen Minuten beiße ich zu, es knirscht und die Kristalle zerbröseln zwischen meinen Backenzähnen. Ich erinnere: das sanfte Gluckern beim Einschenken des Tees; den Verschluss der Teedose, ihren Geruch. Der Tee zieht drei Minuten. Wir sitzen in der Küche der Großeltern, später in unserem Wohnzimmer; es ist immer später Sonntagnachmittag, Winter. Wir verlieren das Ritual über die Zeit: wir trinken weiter Vanilletee, doch allein, in Beuteln von Lord Nelson; wir zuckern mit Zucker statt mit Kandis; das Glasstövchen steht in der Vitrine, neben der Mecki-Puppe mit Westernhemd.

*

Der Aufhänger ist wie ein spiegelverkehrter Wimpel in die Wand genagelt, schräg links vom Küchentisch, daran befestigt: der braune Rahmen, darin: das Teehaus, mit Acryl und feinem Pinsel gemalt, Spitzdach und Fachwerkbalken. Aus den Blumenkästen quellen getupfte Geranien, hängen sich über das Wandweiß nach vorne; hinter den Fenstern dämmert Licht, mehr gelb als hell; davor liegt Kopfsteinpflaster, menschenleer, feucht vom Regen.

Wir stehen in deinem Bild, gehen durch die weiße Tür in das gelbe Dämmerlicht. Deine Brille beschlägt, du bist schon schwer krank. Wir sitzen um einen runden Tisch, trinken grünen Tee, im ersten Obergeschoss. Auf dem Tisch steht ein Schälchen mit weißem Kandis. Ich sehe hinaus auf die Straße, über die leeren Blumenkästen auf das nasse Kopfsteinpflaster; dorthin, wo du einst gestanden hast.

Wolkenbüschel, hellblauer Morgen; ein Traktor fährt eine dunkle Schneise in das weite Feld; neben dem Gleisbett wuchert das Grün; knapp vier Stunden Fahrtweg, bis zu 244 Kilometer pro Stunde, ein Frühsommertag.

Ich stehe an deinem Grab, zehn Uhr, Samstagmorgen; ein Vogel piepst, verbirgt sich im Geäst; ich schaue hinauf, dorthin, wo ich das Piepsen vermute. Zwei kleine Tannen wachsen am Kopfende deines Grabs; sie reichen mir bald schon bis über die Hüfte; an einem Tag werden die Tannen der Beschränkung entwachsen; jemand wird einen Brief schreiben; und jemand wird sie fällen; auf den Stumpf wird sich Moos setzen: Moos, Feuchte und die Farbe von Erde. Das Piepsen verstummt für einen Moment; ich pflücke eine Lavendelblüte vom Grab der Großeltern. Ich bleibe kürzer als sonst, vielleicht fünf Minuten.

Ich knie auf dem Korkboden im Dachgeschoss; es ist bald Mitternacht, der Staub kitzelt in meinem Rachen; manchmal sirrt das Licht der Deckenlampe; ich öffne Karton um Karton, auf allen vieren kriechend, den Kopf eingezogen; zweimal stoße ich gegen die Schräge, schramme mit der Schulter den feinkörnigen Putz entlang.

Das erste Bild: du trägst eine Zipfelmütze, hältst eine Rassel in der Hand, liegst im Kinderbettchen und starrst mit den großen braunen Augen auf die brennenden Kerzen im Tannenbaum.

Du sitzt auf einer Blumenwiese, der weiße Kranz der Gänseblümchen unscharf im Vordergrund; du presst die Lippen aneinander, dichte Locken kräuseln sich in die Stirn, über die Ohren; dein Blick führt aus dem Bild, einem Etwas nach, das nicht die Kamera ist. Der Großvater liegt hinter dir, legt sein Kinn auf deine kleine Schulter, scheint etwas zu erzählen, die Augen lächelnd zusammengekniffen, der Blick sanft auf deinem Profil. Im Hintergrund: eine Kastanie.

Du stehst im Gitterbett, hältst dich mit beiden Händen an den Stäben, Blick in die Kamera. Die Großmutter beugt sich zu dir herunter: weiße Schürze, Ärmel hochgekrempelt, Schatten im Gesicht. Der rechte Bildrand: schwarz, unbelichtet.

Eine andere Blumenwiese (oder dieselbe?): der Großvater liegt der Länge nach auf dem Bauch, stützt sich mit dem Unterarm auf dem Boden ab; der Anzugstoff wirft Falten um die Schulter, am Ellbogen; deine Locken fallen in die Stirn, du trägst ein Ringelshirt und Latzhosen; du sitzt auf dem Rücken des Großvaters, die kleinen Arme auf den Schulterblättern, ein Bein fällt zur Seite ab; dein Mund steht offen; am oberen Bildrand blüht der Rhododendron.

Du, vor einem vw Käfer, mit Fliege und Kniestrümpfen, ein Kofferradio in der Hand; mit glatt frisierten Haaren, die Locken: ausgebürstet.

Du, vor dem Rollgitter des Einkaufsladens, auf den Boden blickend.

Du, auf einer Gartenliege; eine Hand reicht ins Bild; du legst den Kopf zur Seite, die Locken ungeordnet; im Unscharfen: Formen von getopften Kakteen.

Du, rennend, die Kontur zerlaufen, das rechte Knie in der Luft, die Augenpartie verwischt; am vorderen Bildrand: Apfelsinenkisten.

Der Haarflaum neigt sich zur Mitte, deine Nasenlöcher ein unbelichteter Schatten, der Mund geöffnet, zahnlos; die Zunge deutet sich nur an, eine helle Punktlinie zwischen den Lippen (*was will der Mund noch sagen?*). Der Blick führt diagonal aus dem Bild; das tiefe Dunkel der Augen: ein wenig feucht, vielleicht hast du geweint, vielleicht spiegelt sich das Gegenlicht.

*

Der erste Tag der Sommerferien, 1963, fünf Uhr am Morgen: du stehst im Nieselregen auf dem Bahnhofsvorplatz. Du bist sechs Jahre alt. Du trägst ein Namensschild um den Hals. Die Augen suchend, zwei Haselnüssen gleich; verängstigt, müde und doch hellwach wartest du, über eine Stunde; du erzählst die Geschichte immer wieder. Irgendwann hört es auf zu regnen, hinter dem großen Kaufhaus klettert die Sonne wie ein Glutball empor, dann endlich finden die Augen das Schild, knallrot, darauf in weißen Lettern: »Therapiegruppe Borkum«. Moorbäder und Teeranwendungen, Sonne und Salzwasser: für die Haut und gegen ihre chronische Entzündung; sechs Wochen lang, sechsjährig, allein auf Borkum.

Der Großvater fährt um vier Uhr morgens zum Großmarkt, kauft Obst, Gemüse, Fleisch und Fisch, kauft Körbe voll Waren, gestapelt auf der Ladefläche des dreirädrigen Pritschenwagens; einmal fällt der Pritschenwagen in einer Kurve um, sagt man sich. Die Großmutter räumt die Regale ein, wiegt die Waren, kassiert, gibt Rückgeld; manchmal drückt sie mit dem Daumen auf die Waage, wenn sie Kartoffeln wiegt oder Möhren. Der Großvater bedient an der Fleischtheke: schneidet Wurst, zerteilt Schultern und Hüften, faschiert Rind und Schwein. Die Großeltern tragen beide weiße Kittel; dein Kinderbett steht im Lager des Einkaufsladens, zwischen Apfelsinenkisten.

Ein letztes frühes Bild: die Haare noch wellig, aber nun gescheitelt; der Blick fällt wieder aus dem Bild, die Augenpunkte: feucht, zuversichtlich, freundlich, ängstlich; die Nase stupst, der Mund steht leicht geöffnet, ein Lächeln andeutend; du trägst einen Norwegerpullover und Hosenträger; der Hintergrund ist schwarz, vielleicht ein Fotostudio. Dein erster Blick trägt schon die Form des letzten Blicks: jedem Sein ist das Nicht-mehr-Sein eingeschrieben, von Beginn an.

An jedem Morgen sehe ich den Backsteinturm durch das mittlere Fenster: die Spitze umgattert, oxidierte Bronze kuppelt sich in den Himmel. Schräg links: die Birke, gekrümmt, braunes Geäst, der Stamm wie Milch: tanzt, verliert ein Blatt, tanzt. Ganz rechts: der Neubau, pampelmusenfarben, dreifach verglast. Das ist: der vertraute Blick, das Jetzt.

Auf den Blättern der Yuccapalme liegt Staub, samtig wie Pfirsichhaut; die Spinne (unsichtbar) zieht seit Tagen Fäden, die wie Zuckerwatte am Putz kleben; je enger der Kreis um die leere Mitte führt, desto langsamer werden die Schritte: etwas steigt noch an, bevor es schließlich abfällt, vielleicht für immer abfällt.

Manchmal, wenn ich am Tag meine Augen schließe, scheint es mir, dass das Jetzt unter dem leisen Dröhnen eines Geruchs oder eines Bildes zerfällt; in manchen Träumen zerfällt die Zeit tatsächlich zwischen Erinnertem und Vorahnung, überlagern sich das Davor und das Danach, zerstäuben die Ereignisse.

Das Jetzt (Paradoxon): ein logisches Jetzt kann nicht existieren, sofern Zeit linear verläuft; jedes Jetzt wäre ungenaue Messung: etwas ist vergangen oder noch nicht geschehen; ich verfüge jedoch nur über das Jetzt (*ich kann die Verbindung nicht lösen*): wenn das Jetzt aber logisch unmöglich ist, wäre auch mein Bewusst-Sein logisch unmöglich.

Zeit: (Filter-)Konstruktion meines Bewusst-Seins; fließt nicht, vergeht nicht, ist nicht Punkt, noch Linie (Strahl), bleibt (auf ewig) unfassbar, Hilfsgröße.

Wir streifen uns, überlappen uns, verpassen uns, verabschieden uns.

*

Hellrotes Wachs fließt in einer maulbeerfarbenen Flüssigkeit auf und ab, dehnt sich aus, zieht sich zusammen, verändert seine Form, bricht in der Mitte entzwei, vereint sich wieder auf dem Grund, steigt von Neuem auf, verformt und verformt sich, doch härtet nicht aus, solange die Glühbirne brennt. Jede nächste Form schreibt sich aus der vorherigen, doch könnten sich aus jeder Form unendlich viele nächste Formen schreiben. Das Wachs in der Lavalampe: die Kontingenz alles Möglichen. Das, was zu Realität aushärtet, ist bloß eine unter unendlich vielen Möglichkeiten. Die nächste Form ist immer Zufall.

Dass sich die Hautschichten an deinen Gelenken auftürmen, schuppen, entzünden, liegt an einer genetischen Prädisposition; ihr Auftreten: ein Zufall, der zu Realität aushärtet, der dein Sein für ein halbes Jahrhundert bestimmt: die verächtlichen Blicke der Leute, die Kommentare, die Nachfragen, das Geschwätz, die Demütigungen, der Juckreiz bis aufs Blut, das weiße Geriesel, der Schmerz von Wunden, die sich nicht verschließen. Was wäre aus dir ohne die Psoriasis geworden?

Späterer Morgen: das hellrote Wachs liegt jetzt kalt verklumpt am Boden; dem Zufall entronnen, zu einer Form geronnen, vorübergehend, bis es wieder erhitzt wird; jeder

Tastenanschlag erschüttert die Flüssigkeit, die unsichtbar schaukelt (*ein Meer weit vor dem Sturm*); in der Fensterscheibe des Backsteinturms spiegelt sich ein vorbeifahrender Bus, das Röhren und Tuffen des Motors vibriert in meinen Ohren; ein Spatz schmatzt, durchkämmt das zarte Blau, das über dem Tag aufsteigt; das Blatt der Birke hängt noch müde herab, tänzelt in einem Windzug.

*

In der Nacht erwache ich zweimal: schweißnass, mit den Fingern der rechten Hand ins Kissen gekrallt. In meinen Traumbildern spielen deine letzten Tage, spielt das Sterben, doch anders aufgeführt als das, was war: anderes Licht, andere Orte, andere Schmerzen, andere Worte. Du windest dich, schreist durch eine geschlossene Tür, ein fensterloser Raum, graues Unlicht; du schleppst dich zur Toilette, gekrümmt; ich sitze auf einer Schlafcouch, ich laufe Treppen auf und ab; ich sitze dir gegenüber, dein Gesicht unscharf; ich erzähle dir, dass ich über dich schreiben werde; ich erzähle es dir so, als suchte ich Erlaubnis; du lächelst milde, in deinem Körper wuchert der Tod. Jeder Satz lässt mich noch einmal bei dir sein; mit jedem Satz entweicht der Atem ein zweites Mal; wie ich über dich schreibe, verliere ich dich ein zweites Mal: das endgültige Mal.

Ich starre auf einen Teich, schilfrohrummantelt, 50 Kilometer vor Kaliningrad. Ein Schild: Wyręba (vor über hundert Jahren: Kraphausen). Ein Hund bellt, ein Tor leiert, ungeölt. Meine Schwester und ich tragen schwarze Kleidung, der Tag nebelt. Hier ist ein Anfang, hier wird einst der Großvater geboren; hier, wo du unbedingt noch hinwolltest, wo du vielleicht mit Google Earth hingereist bist; hier, wo ich bin; hier fängt es an, fange ich an; hier ist nur ein Punkt auf der gedachten Kreislinie. Auf dem Bild trage ich einen dichten Bart; meine Hände: hinter dem Rücken versteckt, verschränkt.

Wir übernachten in einem Hotel im Hafen von Danzig. Wir bleiben für drei Nächte. Wir essen jeden Abend im selben Sushi-Restaurant. Ich erinnere: die Kälte in den Fingerkuppen, die Backsteinfassaden.

*

Die Großeltern legen sich abends einen warmen Ziegelstein ans Fußende vom Bett; der Kamin ist gefliest, in meiner Erinnerung altweiß oder jadegrün; wie ich mit meinen Fingern über die geschliffene Holzlehne des Sessels fahre, bekomme ich eine Gänsehaut. Ich erinnere mich an die Räume: die Küche (PVC-Boden, der Blick in den Hof), das Wohnzimmer, das Schlafzimmer. Und schwebend: eine Flasche 4711 Kölnisch Wasser.

Die Großeltern setzen einmal im Jahr Knoblauchschnaps an: 30 Zehen, geschält, angepresst, und eine Flasche Korn; sie trinken davon jeden Abend ein Gläschen, für die Gesundheit, sagt man sich. Ich erinnere mich an den Großvater, der die Knoblauchzehen schält, schneidet, in Hemd und Pullunder, die Krawatte gelockert; die konvexe Form der Schnapsgläser (*Pinnchen*); die Glasbehältnisse mit den Glaspfropfen auf dem haselnussbraunen Sideboard: Knoblauchschnaps, Himbeerschnaps, Johannisbeerschnaps. Das Rouleau schräg dahinter: immer halb heruntergezogen.

Ich mahle Kaffee, am Küchentisch der Großeltern. Der Großvater sitzt mir gegenüber, in Hemd und Pullunder, in einer Zeitung blätternd. Ich erinnere: das Leiern aus dem Inneren der Mühle, das Kreisen mit der Hand und den Geruch, wie ich die Holzschublade mit frisch gemahlenem Kaffeepulver aus der Mühle ziehe.

Der Großvater stirbt an einem Sommertag, auf einem Stuhl in der Küche. Es ist Mittag. Ich bin sechs Jahre alt, ich sehe fern mit meiner Schwester, zwei Etagen darüber. Du kommst von der Arbeit, stellst den Aktenkoffer im Hausflur ab. Dann erfährst du es, von meiner Mutter, deiner Mutter. Ich bin nicht dabei; ich erinnere mich genau.

Dein Aktenkoffer: ein Geschenk des Vaters, Großvaters; schwarz-ledern, kastenbrotförmig, mit goldenem Griff (Messing). Ich erinnere mich an das Einrasten der beiden Druckknöpfe, an den Widerstand der Rädchen des Zahlenschlosses, an den Platz, an dem er abends immer steht.

Finanzamt: dunkelgrauer Monolith, mit Neonleuchtröhren und Milchglastüren. Die Bushaltestelle vor dem Eingang heißt Postamt. Dein Büro: im fünften Stock, holzvertäfelt, mit drei Männern geteilt; Zigarettenrauch, Kaffeetassen. Am Flurende steht eine Topfpflanze. Ich erinnere: den Blick aus dem Fenster, die kleine Stadt, graues Gewölk. Du prüfst die Steuerangaben von kleinen Betrieben: Friseure, Pizzerien, Autowerkstätten; du kalkulierst, berechnest, modellierst, verhandelst. Befördert wird nach Listenplätzen, nach Alter, Proporz; du erfüllst dein Jahressoll, meist schon im Juli oder August, spielend leicht, folgenlos. Einmal im Monat ist Materialausgabe: es gibt Kugelschreiber, Druckerpapier, Aktenordner, Textmarker. Die Rücken der Ordner sind graumeliert, das Papier: graustichig, *Finanzamtspapier*.

Locher: du sitzt am Wohnzimmertisch, früher Abend; zwei Aktenordner liegen aufgeklappt vor dir, die Hebel gelöst; du öffnest Briefumschläge, du liest Papiere, lochst sie und sortierst sie in einen der beiden Ordner ein; ich sitze daneben, auf dem Teppich; der Locher: tannengrün, schwer, aus Edelstahl; du zeigst mir, wie man die Papiere richtig locht: wir drücken den Locher gemeinsam herunter, deine schwere Hand auf meiner; wie wir drücken, nähern wir uns einem Widerstand, einem Scheitelpunkt, bevor es dahinter ins Schwerelose abfällt. Ich erinnere: die Kühle des Edelstahls, deine warme Hand, das Geräusch, wenn zwei Löcher entstehen.

*

Mit vier Jahren verweigere ich plötzlich und für lange Zeit fast alles Essen: ich verweigere Gemüse, Obst, generell alles, was von weicher bis glibberiger Konsistenz ist (bspw. Tomaten, Kiwis, Rosinen, Kirschen, Nektarinen), alles, was einen starken Eigengeruch hat (bspw. Eier, gekochter Kohlrabi, Essiggurken, Spargel, Pellkartoffeln), alles, was ich nicht eindeutig erkennen und zuordnen kann (bspw. grüne Kräuter über einem Nudelgericht im Restaurant); ich erinnere: die Gänsehaut, das Verschnüren im Hals bei vielen Gerüchen und Geschmäckern, den körperlichen Ekel vor Glibber (das Innere der Tomate berühre ich noch immer äußerst ungern); einen frühen Nachmittag nach der Schule: meine Schwester sitzt neben mir und füttert mich mit in Mehlschwitze gedünstetem Kohlrabi.

Die rote Plastikschüssel, abgedeckt mit einem karierten Küchenhandtuch, darunter Hefeteig, sich verdoppelnd; deine Hand und der Teig; das Rechteck ohne Tomatensoße, für mich: das Rechteck mit geriebenem Gouda und zwei Scheiben Salami, 180 Grad Ober- und Unterhitze, Sonntagmittag.

Der Geruch von Hefeteig: ich sitze am Küchentisch, die Finger auf der lasierten Tischplatte; ich rieche, während du den Teig auf dem bemehlten Tisch knetest: Teig, der sich zieht und dehnt; Teig, den man formen kann, zerreißen und wieder zusammenfügen; Teig, der verheißt; Teig, der erst noch aushärtet; deine Hände, Mehlstaub.

Das Sommerfest, am Spielplatz bei den Parkplätzen: die Schnauzbärte der anderen Männer, um Biertische stehend; tiefes Brummen, Prusten, Gelächter; die karierten Hemden; ich erinnere: die Perforation der Getränkemarken und die Form der Biergläser (Schwunglinie einer Tulpe); ein kahler Himmel, stechende Hitze; und die Mini Playback Show auf der Bühne vor dem Gestrüpp: ich schmiere Wetgel in meine Haare; ich stehe neben dir; jemand setzt mir eine Kappe mit dem Telekom-T auf den Kopf und prustet los; du nimmst die Kappe ab, legst deine warme Hand auf meine Schulter.

Sommertag: du kommst früh am Nachmittag von der Arbeit. Der Opel Astra quietscht langsam über die Rasengittersteine; ich höre durch das geschlossene Küchenfenster, wie du die Handbremse festziehst (*das Spannen eines Bogens*). Du öffnest die Tür, du sagst etwas. Ich versuche, mich an deine Stimme zu erinnern: es piept und wackelt in meinem Ohr; keine Stimme, kein Wort, nur Tonwellen, nasales Leiern.

Die Enge, das ist auch der Nachbar, der am Fenster wartet, den Kopf zwischen Gardinenschläuchen versteckt; der mit Bleistift notiert, wann der Opel Astra auf den Rasengittersteinen parkt; der dem Finanzamt meldet, dass du manchmal früher als erlaubt zu Hause bist.

Rasengittersteine: dort, wo der Stein nicht sitzt, wächst Gras; dort, in den Auslassungen. Die Enge ist auch: ein Mangel an Fläche, Auslassung.

*

Wir kaufen Schafskäse, Fladenbrot und Oliven in einem türkischen Supermarkt. Schweiß tropft von meiner Oberlippe, ich bin zehn oder elf Jahre alt. Du parkst im Halteverbot; du trägst ein Hemd und kurze Hosen; Hochsommer. Wir fahren mit dem Auto zurück, ich lehne den Ellbogen aus dem Fenster, auf die Kante, in der die Scheibe unsichtbar verschwindet. Wind flattert kühl gegen meine Wangen. Ich erinnere: die Farbe der Salzlake und die weißen Plastikeimer, in denen der Schafskäse treibt; die lange Klinge des Messers, mit dem der Verkäufer ein Stück vom Laib schneidet; geröstetes Fladenbrot, später auf der Terrasse; den warmen Waschbeton an meinen nackten Füßen.

Bärlauch: und wenn er reif ist, pflückst du ihn; du wäschst ihn, Blatt für Blatt; du gibst Parmesan, geröstete Sonnenblumenkerne und Olivenöl hinzu; dann: Sirren des Pürierstabs; wir essen Spaghetti mit frischem Bärlauchpesto; du lächelst leise, es ist ein Sonntag.

Zwei Hälften einer Pampelmuse, mit Zucker bestreut; du sitzt mir gegenüber; und ich löffle die Pampelmuse, heble das Fruchtfleisch mit einem Teelöffel aus seiner Umhäutung, trinke den Saft, der sich auf dem Boden der Schale sammelt; ich erinnere: die Glasschale, die die Struktur eines Blattes nachzeichnet: Ästelungen, Äderung; das Geräusch des Löffels, der über den Boden der Schale kratzt; das Quietschen der Kühlschranktür.

Du, in Schürze, vor dem Wok stehend, den Oberkörper leicht vorgebeugt: du riechst, wie Zwiebel, Knoblauch und Ingwer dünsten, dazu dünn gestreiftes Gemüse, ein Klecks Sambal Oelek; du kreist mit der rechten Hand, während du riechst; du rufst mich, trittst zur Seite: damit ich auch rieche: rieche, wie gut es riecht.

Auf der Terrasse sitzend, im letzten Sommer: meine nackten Füße auf den Waschbetonplatten; das Licht fällt gedämpft durch die gelb-weiß gestreifte Markise; ich sehe den Schatten meines Beines; du trägst eine kurze Hose, ich sehe deine Waden, die Wunden auf deinen Schienbeinen; wir essen Brot mit Bärlauchbutter, Würstchen, Salat mit Zitronendressing, trinken Weizenbier, sitzen lange, bis tief in die Nacht, bis das Licht verschwindet.

*

Abends, manchmal, in den letzten Jahren: du bist allein im Wohnzimmer; du bist schon schwer krank; du isst Chips und Erdnussflips, im Stehen, aus der aufgerissenen Tüte im Bauernschrank; du isst und isst, kaust kaum noch, schlingst, bis die Tüte leer ist; du schüttest gesalzene Erdnüsse aus einer ja!-Dose in deine Hand, schaufelst sie in den Mund; ich höre von oben das Rascheln der Tüte, das Leiern der Schranktür, das Malmen deines Kiefers. Als ich nach unten komme, liegst du auf dem Sofa und starrst in den Fernseher, ein Bein gestreckt, das andere halb angewinkelt; auf dem dunklen Teppich vor dem Bauernschrank: Chipskrümel. Wir sagen beide nichts.

Holzmobiliar (Erinnerung): die Eckbank, hellholzfarben, auf der ich sitze, während ich mit kleinen Fingern Rosinen aus einem Stück Christstollen pule und an den Tellerrand lege; die Schrankwand aus Weichholz, gerundete Kanten; in der Vitrine die Mecki-Puppe, verstaubte Gläser für Wein und Kognak, daneben der Röhrenfernseher; der Geruch der Weichholzpolitur, die die Mutter einmal im Jahr aufträgt; das Leiern des Bauernschranks, der spezifische Widerstand, den das Schloss gegen seine Öffnung aufwendet: ich kann das zarte Klacken in meinem rechten Daumen und Zeigefinger spüren; an manchen Nachmittagen versuche ich, den Schlüssel und das Schloss auf dem Scheitelpunkt zu balancieren, ihn dort am Rand zur Ruhe zu bringen, dort, zwischen verschlossen und offen, Fast-Nichts und Nichts, ein kleines Stück ins Schwerelose gelehnt.

Lottospiel, Samstagvormittag, gelegentlich: wir parken auf dem Platz vor dem Rathaus; der Mann hinter der Theke trägt einen buschigen schwarzen Schnauzbart und einen dunkelgrünen Pullover; es riecht nach kaltem Rauch, Gebratenem; im Jackpot: sechs Millionen Mark; zwei Kugelschreiber liegen auf dem Stehtisch, mit einer Kordel festgebunden, dahinter Lottoscheine in einer durchsichtigen Plastikbox; ich stehe neben dir, klacke mit dem Kugelschreiber; du kreuzt ein Feld an; du spielst immer die gleichen Zahlen: unsere Geburtstage; ich wähle sechs Zahlen, zufällig. In den Stunden bis zur Ziehung fabulieren wir über den plötzlichen Reichtum und darüber, was wir mit dem Geld machen würden; du lachst häufig. Du gewinnst nie, wir gewinnen nie; du weißt es vorab; du spielst nicht, weil du ans Gewinnen glaubst; du spielst: hoffend auf einen Ausweg, wissend um die Ausweglosigkeit.

Wie ich an der Kurbel drehe, raschelt es im Inneren der Maschine, klettern die Kugeln gegen die Schwerkraft an, prallen aneinander, voneinander ab, ändern lautstark Richtung und Position. Ich sitze auf dem graublauen Teppichboden in unserem Kinderzimmer, während ich drehe. Es ist früher Morgen, und wie ich aufhöre zu drehen, rastet der Zufall ein: eine Kugel rollt aus dem Ausgang der Trommel, plumpst in ein Röhrchen aus durchsichtigem Plastik, zeigt ihre Zahl: sieben. Ich spiele: ein Spiel, das ein Spiel nachspielt. Ich erinnere: dass der Großvater mir die Lottotrommel schenkt; dass der Karton an einer Stelle eingerissen ist. Ich erinnere nicht, zu welchem Anlass ich sie geschenkt bekomme. Ich spiele.

Die kirschbaumfarbenen Regalbretter: auf dem unteren Querbrett eine Reihe Schallplatten, darüber der Fernseher, schwer und groß. Helle fällt von rechts oben in den Raum, auf mein Gesicht; es ist ein früher Samstagmorgen. Ich schaue heimlich fern, du schläfst noch. Links steht die Yuccapalme in einem weißen Topf. Ich laufe vor zum Fernseher, berühre die Bildfläche; es zirpt, raschelt, bitzelt; meine Finger fahren weiter, nun über das Astloch im Regalbrett vorne links; im Fernsehen springen Kinder in bunten T-Shirts zwischen drei blinkenden Flächen hin und her; ich lege meine Hand auf meinen warmen Bauch, noch immer leises Knistern.

Der Eisbär steht still auf dem Regal, trägt Filznoppen unter den Tatzen, die Augenpunkte ein tiefes Schwarz, blicken traurig in den Raum hinter der Yuccapalme. Die rechte Vordertatze ist leicht angehoben, der Eisbär will nach vorn, schiebt sich stumm gegen einen nicht sichtbaren Widerstand. Ich erinnere das weiße Fell aus gebranntem Ton: eine Bewegung und ihre Verhinderung.

*

Februar 1998, die Olympischen Winterspiele in Nagano, Japan: wir schauen Skispringen; der Röhrenfernseher wölbt sich an den Ecken, knistert wieder, sobald ich meine Finger nah genug an die Oberfläche führe; Kazuyoshi Funaki gewinnt Gold auf der Großschanze, Masahiko Harada Bronze; in meiner Erinnerung ist es eine Winternacht. Ich schaue Funakis finalen Sprung auf YouTube an: er trägt einen silbernen Anzug aus Neopren; auf der Brust prangt die Startnummer 62, darüber die fünf Ringe; es ist ein eisig grauer Nachmittag; im Auslauf der Schanze schwingen Zuschauer kleine japanische Fahnen; Funaki springt 132,5 Meter, er erhält fünfmal die Haltungsnote 20,0; Funaki lächelt, ballt die Fäuste, löst dann die Bindung seiner gelben Skier und wuchtet sie wie einen Pokal in die Luft. Ich sehe den Sprung in der Wiederholung: Funakis Arme kleben regungslos an seinem Körper, für zwei Sekunden ist es ein völlig symmetrisches Bild: ein Körper, der fliegt.

Nagano Winter Olympics 98: auf der Spielkassette ein Alpinist mit einer italienischen Flagge, eine Eisschnellläuferin mit französischer Kennung, ein Bobteam aus der Schweiz, daneben der Name des Spiels, in Goldbuchstaben. Ich fahre Ski, ich rodle, ich fege mit einem Besen über milchfarbenes Eis, auch wenn ich nicht verstehe, wozu; gelegentlich laufe ich Schlittschuh; die meiste Zeit aber springe ich von Skischanzen: monatelang, jahrelang. Ich spiele. Mein Athlet trägt einen blauen Anzug; bevor ich starte, muss ich ihm einen Namen geben: und ich nenne ihn Funaki; am Schanzentisch muss ich im richtigen Moment A drücken, Springen; danach muss ich den Steuerknüppel nach hinten ziehen, ruckartig, damit sich das V öffnet, damit sich der Wind als Polster unter die Skier legt, dann mit dem Steuerknüppel balancieren, damit Funaki stabil durch die Luft gleitet, und den Steuerknüppel schließlich so spät wie möglich, doch nicht zu spät, nach vorne führen, um die Landung einzuleiten. Ganz selten liegt Funaki, liegt die Pixelfigur für eine Sekunde perfekt in der Luft. Dann treibt sie regungslos über die weißen Bildpunkte den Berg hinab und es kitzelt irgendwo in meinem Bauch und am Kinn: ein Körper, der fliegt.

Als ich zwölf Jahre alt bin, stehe ich das einzige Mal auf Skiern. Ich bin in Südtirol, für eine Woche, eine Klassenfahrt, Skifreizeit. Du sagst mir, dass wir auf der Autobahn an der neuen Skisprungschanze von Innsbruck vorbeifahren. Aus dem Busfenster sehe ich den verglasten Schanzenkopf, der sich aus der Tannenlinie reckt (früher Morgen). Ein Mädchen sitzt neben mir. Ich erinnere: das Geräusch meiner Skier, während ich einen Abhang hinunterfahre: wie ein Reißen, Schneiden. Ich friere. Ich fürchte mich. Ich sehne mich nach dem Knistern des Röhrenbildschirms.

Die Anzüge der Skispringer: eine zweite Haut aus geschäumtem Kunststoff, glänzend, vom Wind geplustert; Tragflächen; Körpererweiterung.

Erinnerung, kürzlich: der Name des finnischen Skispringers Matti Hautamäki. Später am Tag: die Bilder in der Google-Suche: eisgraue Augen, mit und ohne Helm, auf einem Bild ein brauner Schnauzbart. Der Rekordsprung von Planica, Slowenien, im Jahr 2003, 231 Meter: Hautamäki trägt einen gelben Helm mit der Aufschrift »Uvex« und einen schwarzen Anzug; kurz nach dem Absprung korrigiert er seinen Flug mit der linken Hand; dann liegt er regungslos auf der Luft. Er landet dort, wo die Krümmung der Schanze bereits endet: zwischen Fast-Nichts und Nichts.

Weihnachtsferien: du liegst auf dem Rücken, auf der 2er-Couch, die Füße über das Ende gestreckt, das rechte Bein über das linke geschlagen; ich liege seitlich auf der 3er-Couch, im rechten Winkel zu dir; du greifst über deinen Kopf nach meinen Füßen, streichelst die Sohlen; auf dem Tisch: eine Packung Lebkuchen, Sterne, Herzen, Brezeln, mit Zartbitterschokolade überzogen, 500 Gramm; im Fernsehen rauschen die Skispringer ins Tal von Oberstdorf, Garmisch, Innsbruck, Bischofshofen; manchmal schneit es draußen und manchmal schlafen wir ein.

*

Schnee rieselt auf einen Abhang, die Zweige der Tannen rechts der Piste biegen sich, tragen weiß; am Rand führt die Eisenbahn über eine Schlucht ins Bergmassiv; zwei Skifahrer mit roten Jacken sitzen im Sessellift, eine Hütte blinkt, das Dach wie gezuckert. Einige Meter weiter quert die Eisenbahn die rotbraune Nachbildung des Grand Canyon. Du beugst dich über die Absperrung, die Augen an den Sucher der Kamera gepresst: es klickt. Ich habe das Bild nie gesehen. Wir verbringen den ganzen Nachmittag dort. Als wir über die Eisentreppe hinaustreten, ist die Speicherstadt dunkel; Atem kondensiert vor unseren Mündern; die Welt: eine Kulisse, beherrschbar, freundlich; die Welt: modelliert, gespieltes Spiel.

*

Du liegst auf dem graublauen Teppichboden, auf den rechten Ellbogen gestützt; ich liege neben dir. Vor uns eine grüne Filzmatte, weiße Linien, an den Rändern Plastiktore; du hältst einen gelben Fußballer in der Hand, tippst mit dem Zeigefinger auf seinen Kopf: das Bein fährt aus, trifft den schwarzweißen Ball aus Dreiecken und Vierecken, ein Schuss. Der Torwart kann nach links und nach rechts springen: ich drücke auf den rechten Knopf, der Torwart streckt sich dem Ball entgegen, wehrt ihn ab; du streichelst meinen Kopf.

Das Torwartspiel: ich bin neun Jahre alt, ich trage ein oranges Trikot, langärmlig, an den Ellbogen leicht gepolstert; es ist ein nebliger Samstagmorgen, wir sind ganz allein auf einer großen Wiese; zwei Stöcke markieren die Torpfosten; du schießt den Ball aus einiger Entfernung; und ich springe, recke meine Arme nach rechts oben, fange den Ball und lande im kalten Matsch. Für einen Moment liegt mein ganzer Körper gespannt in der Luft: mein Körper, der fliegt.

Westfalenstadion, ein früher September: Thomas Häßler trifft in der 66. Minute zum 2:1 für Borussia Dortmund: es ist ein Elfmeter, ich erinnere nicht mehr, in welche Ecke er schießt; du reißt die Arme hoch, lachst; Musik dröhnt durch das Stadion, Gesänge. Als wir vom Parkplatz fahren, fehlt mein Kuscheltier: du kehrst um, wir suchen den Parkplatz ab, Reihe für Reihe; ich gehe an deiner Hand, wir tragen Sandalen; ich erinnere: den staubigen Boden und die Holzplanken.

Du schenkst mir Eintrittskarten für ein Spiel in der Champions League. Ich sage dir, dass ich mich am meisten auf die Hymne freue, die sie vor dem Spiel spielen, und auf das Flutlicht. Auf dem Weg ins Stadion geraten wir in einen Stau, kilometerlang: du fluchst, weinst; wir hören im Radio, wie das Spiel angepfiffen wird, die Hymne verklingt; wir kommen 45 Minuten zu spät, zum Halbzeitpfiff. Auf der Tribüne trinken wir gezuckerten schwarzen Tee: ich erinnere den gerillten Becher unserer Thermoskanne an meinen Lippen.

Dein letzter Geburtstag: ich schenke uns Tickets für das Halbfinale in der Champions League, Borussia Dortmund gegen Real Madrid. Du öffnest den weißen Briefumschlag, schaust mich einen Moment ungläubig an. Ich erinnere, wie wir uns umarmen.

*

Videothek, früher Freitagabend: ich gehe an deiner Hand durch die Gänge mit den leeren Hüllen der Spielkassetten; ich suche ein Spiel aus, *International Superstar Soccer*; ich bringe die laminierte Nummer zur Kasse, die Frau kaut Kaugummi, verschwindet mit der Nummer, kommt wieder zurück, eine weiße Plastikbox in der Hand. Du ziehst die Mitgliedskarte aus deinem Portemonnaie, reichst sie ihr über den Tresen: ich sehe, wie sie auf den entzündeten Rücken deiner rechten Hand schaut, die Ecke der Karte mit den lackierten Fingerspitzen greift, sie unter das Lesegerät hält, sich wegdreht, ohne dich noch einmal anzuschauen. Wir gehen, und im Gehen greife ich nach deiner Hand.

»Thank you everyone and till next time goodbye«, sagt eine Männerstimme, nachdem der Pfiff ertönt, das Spiel beendet: Germany schlägt Wales 5 zu 0. Ich kann zwischen 49 Nationalmannschaften auswählen; ich lerne die englischen Namen von Ländern, die ersten Worte in einer anderen Sprache; ich gewinne gegen einen Computer. Ich erinnere: die dreizackige Form des Controllers, den Farbkreis um den ballführenden Spieler.

Andere Spiele: *SimCity*, bei einem Schulkameraden in der ersten Klasse: der Geruch von oxidierten Apfelscheiben; eine Plastikdose mit Haferkeksen; die blaue Lehne des Bürostuhls; das unlasierte Treppengeländer, ahornfarben; wir bauen Atomkraftwerke und Schulen. *RollerCoaster Tycoon*: ich baue eine Raftingbahn, die durch eine Schneelandschaft führt; eine Loopingachterbahn, die durch einen Dschungel führt; eine Holzachterbahn, die durch eine Cowboystadt führt; kleine Männchen laufen über die Wege, die ich pflastere; sie fahren mit den Bahnen, die ich baue; sie freuen sich; im Hintergrund: Leierorgelmusik.

*

Modellieren, Spielen (logische Annäherung, unvollständig): aus dem eigenen Sein heraussteigen; sich gewissermaßen selbst auslöschen: Sein abgelöst von Zeit; Sein abgelöst von Sein.

Könnte es ein Bild ohne Perspektive geben? Wie sieht etwas aus, das von nirgendwo angesehen wird?

Ein Vogel piepst, senkt seinen Flug; die Krallen krallen sich in einen Hemdstoff, kitzeln auf einer Schulter, die nicht die *eigene* Schulter ist, sondern bloß *da*. Der Vogel singt ein Lied, vertraut und warm; der Vogel sitzt dort, singend: dort, wohin der Blick nicht reicht; und wie die Schulter sich dreht, fliegt er auf, fliegt davon; und wie die Hand nach ihm greift, piekt er mit spitzem Schnabel in die weiche Stelle zwischen Daumen und Zeigefinger. Blut rinnt über den Handrücken einer Hand, die nicht die *eigene* Hand ist; der Vogel verstummt und fliegt davon.

Ich nähere mich auf Zehenspitzen, schleiche leise durch das dichte Gras alles Gewesenen, das farblos wuchert; ich balanciere mein Gewicht, schiebe mich vor, dorthin, wo ich ein Vorne vermute, einem Ziel, einer Form entgegen. Doch sobald ich springe, greife, entflieht die Form, die Erinnerung: huscht wie ein Kleintier ins Unterholz, rast davon ins ewige Gras; mir bleibt ein Beobachten, Fährtenverfolgen, Abstandwahren.

*

Deine Hand (Hände): ich sitze noch in der S-Bahn; ich erkenne den roten Toyota Aygo (*das letzte Auto*). Deine rechte Hand liegt auf dem Plastiklenkrad, du schaust aus dem heruntergekurbelten Fenster, wartest auf mich; ich laufe dir entgegen; du entdeckst mich, steigst aus, läufst mir entgegen: wir umarmen uns. Du legst deine schwere, warme Hand auf meine; ich habe Pianistenfinger, sehnig, durchscheinend; als du stirbst, fürchte ich, dass ich die Erinnerung an dieses Gefühl verliere: deine Hand, meine Hand geborgen in deiner.

*

Die Vorstellung der Innenfläche deiner rechten Hand, zusammengesetztes Bild, unvollständig: die Papillarleisten wie eingeritzt, das weiche Gewebe unterhalb des Daumens, die straffe Haut um den Handballen, die tieferen Einkerbungen, die dort zusammentreffen, Körpertemperatur, Feuchte, der Farbverlauf bei leichter Krümmung der Finger (beige mit rosa Tupfen, türkises Adernetz) etc.

Das Unzureichende an der Vorstellung der Innenfläche deiner rechten Hand: der Eindruck, ein Wimmelbild in meinem Gehirn, gespeist aus Erinnertem, Erdachtem, Überlagertem, Verzerrtem, Nie-Gewesenem; der Ausdruck: Beschreibung von Farben, Formen, sonstigen Eigenschaften; Abfolge und Betonung, Auslassungen. Wie ich einen Satz schreibe, verfälsche ich etwas, das war, zweifach: Innenfläche deiner Hand; Eindruck der Innenfläche deiner Hand; Ausdruck des Eindrucks der Innenfläche deiner Hand.

Ein Satz ist kein Bild der Wirklichkeit, nur meiner Wirklichkeit: ich verfehle dich, Wort für Wort.

Alles Schreiben ist ein *Umschreiben*: ein Abbild in Zeichen erzeugen bedeutet ein Bild erzeugen, ein neues.

*

Hinter meinen geschlossenen Augen, früh am Morgen: ein Etwas, bald Bild, bald Geschmack, Geruch, Gefühl, schiebt sich vor den schwarzen Vorhang, tanzt auf meiner Netzhaut, verformt und verfärbt sich, pulsiert im Kiefergelenk, in den Wangen. Das Etwas trägt, umschlingt mich lauwarm wie süßes Wasser. Dann: Aufschlagen der Lider, Vogelstimmen, eine tiefe Enttäuschung: ein Stich fährt durch meine Stirn, in den Kieferknochen, in die Milz: du bist tot, seit Jahren schon. Und draußen grünlich die Sonne.

Du bist gestern gestorben: du bist seit gestern tot, gestern vor genau sieben Jahren; jemand hämmert, ein Auto bremst, der Himmel silberfarben getuscht, fährt langsam an meinem Fenster vorbei; ich suche nach etwas, das sich bewegt. Ich erinnere den Morgen vor sieben Jahren, den ersten Morgen ohne dich: der Aufschlag der Lider, verklebt, Blick in einen dämmernden Himmel, grau, Fensterstreben; etwas wellt sich durch meinen Körper, das kein Schmerz ist; ich stütze mich auf den rechten Ellbogen; dann beginnt das Seither.

Ich erinnere keinen Satz, kein Wort.

*

Sechs Tage nach deiner Beerdigung: ich ziehe in die Stadt, in der der Großvater einst gelebt hat; ich fahre mit dem Zug, jemand holt mich am Bahnhof ab: mehr erinnere ich nicht.

Du hast die Straße, in die ich ziehen werde, noch auf Google Earth angeschaut: wir sitzen nebeneinander auf dem Sofa, vor uns der alte Laptop von Lidl, laut summend; ich lache, als du mich nach der Adresse fragst; ich sage dir, dass du mich besuchen kannst, in den Pausen zwischen der Chemotherapie; du sagst nichts; du bestehst darauf, dass ich die Adresse eingebe: eine breite Straße, Kastanienbäume, parkende Autos: du schaust auf den Bildschirm; du sagst etwas, das ich nicht erinnere. Sechs Wochen später bist du tot.

Die breite Straße mit Kastanienbäumen: das erste Zimmer: ein Raum mit vier Wänden; ich erinnere: den Parka, den ich in diesem Winter trage, auf einem weißen Kleiderbügel hängend; den hellblauen Bettbezug in der ersten Nacht; eine halbmondförmige Lampe; die Panik, in jeder Nacht vor dem Einschlafen: meine Augen, die im Halbschlaf wieder aufreißen, mein Mund, nach Luft ringend, der zusammengezogene Kehlkopf, stolpernder Herzschlag: Gefühl einer Fallbewegung: in mich hinein, zum Bauchnabel hin.

Ich beginne zu suchen: in diesem Raum, in jeder Straße, und ich kann nicht sagen, wonach genau: nach einem Netz, das den Fall bremst; nach dem Geräusch im Moment des Aufschlagens; nach einer Hand, nach einem Körper; nach einem Geruch, Bild; nach etwas, das mich fassen lässt: es, mich, dich: eine Ordnung, eine Struktur; nach einer Sprache für dich: einem Wort für mich.

*

Traumbild in einer der ersten Nächte: dein Arzt, ein Urteil fällend, in leuchtendem Kittel; die Straße meiner frühen Kindheit, die Mauer und die grüne Gießkanne, parkende Autos; dein Gesicht (du lebst in dem Traum: du lebst in jedem Traum): dein Gesicht, das vor Erschütterung zerfällt, sich verformt; ein stummer Schrei; das Davor: milchig, ohne Erinnerung; Hinführung zu einem Ende; und ich: nicht im Bild, Beobachter aus einer Halbtotalen, unbeteiligt, ohnmächtig.

In einem anderen Traum stehe ich an einem Fensterbrett, es ist tiefe Nacht: meine Haut ist von mir geschält, liegt wie ein heruntergelassener Overall gerafft am Boden; ich tropfe kein Blut, doch mein Fleisch pocht, zittert mit jedem Herzschlag.

Ein dritter Traum, sich über Monate wiederholend: du liegst in einem fremden Bett; du trägst eine Jeanshose; du übergibst dich, spuckst Blut: Blut, das sich in jodfarbenen Kringeln in das Laken frisst; (du hast nie Blut gespuckt).

Etwas, das nicht war, wird ein Bild; etwas, das vielleicht war, wird ein Bild; etwas, das war, wird ein Bild; ein Bild ist ein Bild.

Dein Nicht-mehr-Sein macht mich zum Erfinder, unweigerlich. Mein Sein macht mich zum Erfinder, unweigerlich.

Wo du nicht mehr bist, beginnt meine Sprache: die Zeichen, wie Schorf auf dem Schnitt, ziehen das geöffnete Fleisch zusammen, weben die Enden aneinander, krusten, jucken, bilden eine neue Haut. Eine Sprache ist eine Haut. Sprechen: Haut, die an anderer Haut reibt (Roland Barthes).

*

Die Frage seit diesen Nächten: wo was hinsickert, wo es sich ablagert, wo es eintrocknet, austrocknet, dörrt und dunstet; wo die Fruchtbäume wachsen, Jahre später; wo was hinsickert und wo der Bachlauf kreuzt, es mit sich trägt, verschleppt; wo was hinsickert, in Mulden aufschäumt, Blasen wirft: dann birst die Haut, reißt die Mulde, gibt die Erde einen Spalt frei: und es sickert wieder. Ich untertunnele das fremde Gebiet, das ich mir bin: ich schneide, schneise, dem Sickerwasser nach, durch unterspültes Gestrüpp, Saftboden, dunklen Tag.

Ich suche dich (ich suche mich): seit sieben Jahren.

Der Morgen treibt die Wolken auseinander, vereinzelt sie; unten dröhnt ein Laubbläser; die Blätter der Birke: gelbstichig. Wasserdampf stäubt aus der Tasse, Worte drängeln in meinen Fingern, in den Gelenkkapseln, doch scheuen die Haut, das *Hinaus*; die Yuccapalme trägt Staub und gelbes Blatt. Die Wunde: halb verschlossen und halb geöffnet; bildet eine Hautschicht, die ich zerkratze; bildet eine neue Hautschicht, die ich wieder zerkratze. Jeder Schmerz, jedes Pochen: du bist noch da, irgendwo. Erst wird es Herbst und Winter.

Stumme Äste, wippend, Schlieren auf einer Fensterscheibe, das unrasierte, harte Gesicht, der Backsteinturm, ein leberfarbener Ziegelstein, Oktobermorgen. Die Nacht krümmt sich in den Tag; ich laufe noch einmal auf dein Ende zu; ich lasse dich ein zweites Mal sterben, vielleicht: um weiterleben zu können.

Meine Finger auf dem kalten Holz: links legt sich der Aderlauf wie eine Gebirgslinie über den Handrücken; an den Rändern wachsen Haare, braun und blond; aus den Fingergelenken pocht an jedem kalten Morgen jetzt der stumme Schmerz der Psoriasis-Arthritis: schubweise auftretend, eine Begleiterscheinung der äußeren Psoriasis; und der Schmerz versteckt sich, wie ich ihn berühre, verkriecht sich in den Speichen, im Gewebe.

An den Rändern gilbt das Nagelbett. Ich reiße ein Stück Haut von der Stelle rechts unterhalb meiner Daumenkuppe: Form einer Insel; ich reiße das Gewebe von mir, Schicht um Schicht, bis es rot und röter wird, nässend, irgendwann flüssig rot und dann der Staub, Staub.

Staub: das stumme *b* am Ende: wie ein jäher Aufprall.

*

Früher Morgen: der Wind brennt an meiner Stirn, den Schläfen; ich setze einen Fuß vor den anderen; Fingerhaut, Nagelhaut: ganz rissig; kleine Inseln am Hinterkopf, verborgen unter den Locken; kratzen, kratzen, weißes Geschuppe auf dem Schulterblatt: zerfällt in immer kleinere Einheiten, wird Staub (das stumme *b*), während sich längst eine neue Zellschicht über die Schläfen und den Hinterkopf legt, *Haut wird*; und wie ich kratze, liegt auf allem süßer Schmerz.

Ich häute mich, ohne Ziel, weil das ist, was Menschen tun; Haut, die sich nicht mehr erneuert, bedeutet das Nicht-mehr-Sein (*die letzte Haut*). Und es rieselt weiße Schuppen, Talg lagert sich in den Mulden, Lockenhaar, dunkelblond; bis ich wieder Asche werde und Natur.

Und jedes Häuten ist ein Haut-Werden: ein Freilegen und ein Aufschichten; Wallbau aus leichtem Material.

*

Spiegelbild im mittleren Fenster, nach 17 Uhr: Kontur schwarzer Wolle, Nasenflügel, Lippenrot, Augenpaar, Brauen: alles liegt doppelt dort; schräg nach oben versetzt schwebt die zweite Spiegelung, halbdurchsichtig, so als könnte ich mir entkommen.

Die Kreisbahn um die leere Mitte führt eng und enger; ein Spinnennetz, wohin ich auch sehe; ich hasche nach etwas: ich fange ein Stück Wind.

Und ich kauere, warte, auf einen letzten Stich; und ich raffe mich auf, schüttele den Staub aus meinen Kleidern, plustere die Brust, richte den Blick auf das Gelände, früher Mittag, links Geröllhaufen, der Bachlauf: und wie es sickert, setze ich einen Fuß vor den anderen, treibe den Schmerz aus den Gelenken und Kapseln: Knacken, Knirschen, Fuß um Fuß, grün gerahmter Schotterweg, Tannenspitzen haushoch, das Bild der gelben Säge, deine Hand auf meiner, Fuß um Fuß: ein Tag aus Blei und Leder, Fuß um Fuß: kein Ort mehr, zu dem ich laufen werde, keine warme Hand mehr, in die der Fuß sich schmiegt; nur laufen, Fuß um Fuß.

*

Ich schreibe mich: aus dir heraus, von dir weg.

Dies ist nicht deine Geschichte; es ist eine Geschichte (meine Geschichte). Ich schreibe Fiktionen: das *Ich*, das hier spricht, ist eine Fiktion; ich habe noch nie einen wahren Satz geschrieben.

Vögel flattern über den Backsteinturm, mit Gekreisch und in loser Ordnung; die Birke biegt sich nass im frühen Abend, noch grün, tiefgrün. Ich suche nach einer Sprache, die sich selbst überwinden, aus sich heraussteigen könnte. Es flimmert an den Augenrändern, gelblich, und ich will weinen, will erweinen, was ich nicht sagen kann; sag mir, was das ist: ein *Nichts*; und ich bleibe stumm; und alles bleibt stumm; und draußen tröpfelt es von der Dachrinne, schimmern die Ziegeln, leberfarben, Mitte Oktober.

Meine Sprache kann mir keine Erklärung für das *Nichts* und das *Nicht-Sein* geben: eine Sprache ist *im* Sein und *durch* das

Sein begrenzt; jenseits des Seins ist eine Sprache begrifflich spekulativ und logisch unmöglich; das *Nichts* und das *Nicht-Sein* sind bloß ins Endlose gedehnte sprachliche Abwesenheitsfunktionen; eine Sprache liefert kein phänomenologisches Indiz für das *Nichts* und das *Nicht-Sein*.

Du bist außerhalb meiner Sprache, seit etwas mehr als sieben Jahren; und du wirst dortbleiben.

Versiegen: nachlassen, eintrocknen, schließlich austrocknen, enden. Versiegen einer Sprache: leiser werden, karger, undeutlich (*ein Murren*), später wortlos, stumm.

Deine Sprache ist das Bild: Skizze, Malerei, Fotografie.

Du bist ein junger Künstler; du bist sechzehn, siebzehn, achtzehn, neunzehn Jahre alt, vielleicht etwas älter; du arbeitest viel mit Graphit, Kohle: Abstraktes und Porträts, die ins Abstrakte weisen; die drei gescheitelten Köpfe mit geschlossenen Augen: Schatten fallen auf die Wangen und Münder, die Köpfe scheinen zu schweben, überlappen, verdecken einander; im Hintergrund: vielleicht eine Landschaft. Ich blättere durch Mappen. Die Wiese, auf der ein Korb steht, leer, daneben zwei rote Äpfel im blassen Gras; die Horizontlinie wellt sich, mattes Hellblau, getupft, und zwei Bäume, die im Wind stehen: ein Frühlingstag. Und immer Augen, Augen, Augen: erst geschlossen, grau, und später offen, sehnsüchtig, erschüttert, voll Traurigkeit; und aus manchen Augen schaust du mir entgegen, wie ich blättere: durch deine frühe Sprache, die längst verstummt ist: kaum begonnen und jäh abgebrochen, nur als Möglichkeit erahnbar.

Was hat dich abgehalten?

Der eine Freund, der Holländer ist und später ein erfolgreicher Künstler wird; du, der du dir die Kunst verbietest; du, dem sich die Kunst verbietet: der Großvater ist schon alt, als du Abitur machst; die Großmutter hat den ersten Herzinfarkt, da bist du gerade siebzehn; du überlegst zu studieren, Geographie oder etwas Ähnliches; du kannst dir kein Studium leisten und du willst die Großeltern nicht noch mehr belasten; Künstler zu werden, das verbietet sich dir, das verbietest du dir: weil es nicht möglich ist, weil dir das Vertrauen fehlt, weil dein Freund, der Holländer, mehr Talent hat; du gehst zum Finanzamt, weil sie dir Sicherheit bieten: ein sicheres Gehalt, eine sichere Arbeit.

Du malst weiter, an den Abenden und in den Nächten. Ich blättere durch deine Sprache: du malst dich davon; deine Bilder werden bunter, voller, trauriger; Uhren, die zerlaufen, dahinter heißer Wüstensand, ockerstichig; ein Wecker, gestellt auf 7:10 Uhr, ein kahler Baum, wieder Wüstensand, und am Horizont fliegt etwas, das ein Ballon sein könnte, davon; ein schwarzes Loch, vielleicht Auge eines Sturms, das Gelbes und Blaues und Schwarzes heransaugt: enges Kreisen um die leere Mitte.

Du wechselst die Formen, die Farben, die Materialien; du wechselst zu rasch. Ich blättere durch deine Sprache. Dir fehlt die Zeit, du bist jetzt selbst ein Vater; du beginnst schon, deine Sprache zu verlieren.

In den späten Jahren, letzten Jahren: vertrocknet, verkümmert, mit Kugelschreiber auf aufgerissenen Briefumschlägen, dickliche Männchen mit breiten Füßen und Zylindern, gekritzelt, Karikatur einer Karikatur; dein Daumen, der unruhig wippt, in der anderen Hand das schnurlose Telefon; das Klackern des Kugelschreibers, die blaue Mine; Striche, Bögen, geschwungene Punkte, Schraffur; Briefumschläge von der Krankenkasse (Rascheln des Sichtfensters); kleine

Schatten, Tränenwasser, eine Kugelschreiberwiese; daneben schreibst du Einkaufszettel: Wurst und Brot und Käse und Gemüse und Süßigkeiten: *dass auch bloß genug da ist*; du sitzt auf dem Platz, auf dem du stets sitzt, bis zuletzt sitzt. Ich erinnere: die transparenten Tasten unseres Telefons, den Kugelschreiber in deiner Hand, den Blick aus dem Fenster gerichtet.

Wie versiegt etwas, habe ich gefragt: du hast deine Sprache verloren; und schleichend sickert die Enge ein.

Die Enge, das ist auch: Abwesenheit (Verlust) einer Sprache.

*

Fotografie einer Landstraße, Lanzarote, aus der Hocke oder dem Sitzen geschossen, 10 mal 15 Zentimeter: schwarzer Teer, der körnig in der Mittagssonne glänzt, eingefasst in bröseliger Landschaft, Vulkangestein, zum Horizont hin ansteigend; du verlängerst die Fotografie zu allen Richtungen, malst sie weiter und lässt ihre Grenzen verschwimmen: ein Abbild von etwas, das war, und ein Bild, das in deinem Kopf war. Links der Straße malst du einen Busch, durchscheinend, kaum beblättert, kraus; gibt es den Busch am Rand dieser Landstraße, an diesem Mittag, in diesem Bild? Und was steht neben dem Busch, außerhalb deines Bildes, dort, wo die weiße Raufasertapete klebt? Jedes Bild endet an seiner eigenen Grenze; die Bedingung eines Bildes ist seine Begrenzung; jede Verschiebung einer Grenze erzeugt lediglich eine neue Grenze.

*

Ich blättere, und ich mag das Rascheln der Blätter.

Ein einzelnes Auge, im Bild schwebend; und das Auge ist deines, auch wenn es blau ist; du schaust aus dem, was du erschaffen hast: auf den, den du erschaffen hast. Und ich blättere weiter, durch deine Sprache.

Eine Skizze (Pastellkreide, Fineliner): das Gesicht von David Bowie mit kussroten Lippen und einem Auge, undatiert.

Die spätesten Datierungen sind die meines Geburtsjahrs: was du von da an noch gemalt haben solltest, ist nirgendwo mehr sortiert, nicht aufgehoben, vermutlich: nicht entstanden, *dein* Bild geblieben, nicht Bild geworden.

Die Birke gelbt seit gestern Nachmittag: trägt gelbe Büschel, orange Büschel, dazwischen grün, noch immer satt.

Die Dachziegeln glänzen, der helle Stein ganz aufgeschwemmt, angedunkelt; in einigen Bogenfenstern Licht, Blätter von einer Pflanze, die ins Sichtfeld ragen, ein Mann, der am Fenster steht; der Flügelschlag eines schwarzen Vogels, an den Himmel gezeichnet; und der Tag deckt sich grau, unsichtbarer Regen; ein Auto rauscht über die nassen Straßen, später wird der Regen leiser. Und ich sitze hier, auf dem vertrauten Platz; und ich sitze dort, die Rue de Rivoli glitzert nach einem langen Regen; ich rauche Zigaretten, lehne mich über die hohe Fensterbrüstung, Eisenstreben pressen gegen meine Rippen, und ich sehe dem Rauch nach, der sich verflüchtigt; und wie ich hier sitze, auf dem vertrauten Platz, sieben Uhr am Morgen, vermengt sich das Pariser Grau und das Grau von Berlin, entsteht ein einziger farbloser Farbton, ein Geräuschmuster, eine Wärme in meinen Wangen. Der Regen wird jetzt wieder stärker, prasselt schräg gegen die Fensterscheibe: und jeder Tropfen zieht Schlieren, wie er sich bewegt.

Paris (eine Geschichte): du bist 17 Jahre alt; du fährst mit 100 Mark und einem Freund, der namenlos bleibt, nach Paris. Ihr seid beide junge Maler, durstig, hungrig; ihr reist mit dem Zug; ihr streift durch Montmartre, streift durch die Gassen, das Geld ist nach zwei Tagen fast verbraucht; ihr trinkt Rotwein für 50 Centimes in einem namenlosen Bistro;

ihr übernachtet in einer Pension, namenlos; ihr bleibt für sieben Tage, dann ist das Geld alle, geht der Zug zurück. Auf der Rückfahrt isst eine Dame im Pelzmantel auf dem Sitz gegenüber marinierte Hähnchenschlegel: es duftet, ihr habt seit drei Tagen kaum gegessen; sie bietet euch etwas an, und ihr esst. Du erzählst die Geschichte unzählige Male: deine Augen glitzernd, dahinter wässrig, bald traurig, und mit jeder Wiederholung trauriger. Es sind nur diese wenigen Sätze: und deine Augen, die noch einmal durch Montmartre flanieren, Jahre vor der Enge. Es gibt keine Varianten dieser Geschichte: jede Wiederholung ist exakt gleich in dem wenigen, was gesagt wird, und in allem, was ausgelassen, namenlos bleibt; du schützt deine Geschichte dieser Tage in Paris: ich kenne nicht die Bars, in die ihr geht, nicht die Dinge, die ihr erlebt, ich kenne nicht einmal die Jahreszeit, in der die Geschichte spielt. Und ich verstehe, allmählich: du erzählst diese Geschichte eigentlich gar nicht mir, uns.

*

Ich bin einmal jung in Paris: jung und liebend; du bist seit zwei Monaten tot; ich trage einen blauen Mantel, laufe durch den Marais, stundenlang, die Rue de Rivoli entlang, die nach dem Regen friedlich glänzt; und an jedem Tag ein blasser Wolkenhimmel, wirft Silberschein auf die Stadt und jeden Meter, den wir laufen; wir wohnen in Montmartre, in einer kleinen Pension, die namenlos bleibt; die Heizung funktioniert nicht; an einem Abend gehen wir ins Kino, der Film: namenlos; ich erinnere: die Treppen im Künstlerhaus in der Rue de Rivoli 59 und den Geschmack des Kaffees, den wir dort trinken; wie ich rauchend am Fensterbrett stehe, dem Wolkentreiben nachsehe; die Pistazien in einer namenlosen Bar.

Jung, liebend in Paris: ein Nach-vorne-Fallen, mit weit geöffneten Armen (*ein Körper, der fliegt*); wir erschaffen Bilder, denen wir ein Leben lang nachhetzen; wir kehren zurück in die Enge, mit dem Zug vom Gare du Nord, du und ich, in unterschiedlichen Jahrzehnten: zurück in ein Grau, das nicht silbern schimmert, sondern sich zu allen Seiten bleiern ausdehnt: Briefumschläge, Krankenversicherung, Einkommensteuer, Sterbeurkunde; und in der Enge (nach Paris) eine Ahnung, ein Flüstern: *Ich* könnte ein anderer sein.

*

Zwei Bilder eines Auges, undatiert, Pastellkreiden: das weiche, zarte Gesicht des Jungen nur anschraffiert, wach, sich leise fürchtend; dann die verhärmten Züge des Mannes, Haarbüschel um die Augen, schwarz und grau, die Haut voll Falten, rot erregt; und das Auge starrt mich an, starrt sich an, noch ängstlich und bald erlöst. Ich sehe die beiden Bilder nebeneinander: du hast es in den Fingern; es zerrinnt dir, entgleitet dir; und du siehst es: mit zwei Augen.

Ich sitze auf dem vertrauten Platz, kurz nach sieben Uhr am Morgen. Ich sehe auf den Backsteinturm, die nassen, leberfarbenen Dachziegeln. Ich trinke grünen Tee aus dem japanischen Service, das die Großeltern einst geschenkt bekommen haben; im fahlen Morgenlicht kann ich beinahe durch das bemalte Porzellan hindurchsehen, hineinsehen: Geishas in hellblauen Kimonos, die langen Haare hochgesteckt, flanieren durch den Vordergrund, dahinter ein Gartenhaus, ein Teich; und am Horizont: der Fuji. Die Teeblätter sammeln sich auf dem Grund der Tasse, fünf Luftblasen sitzen dicht aneinandergedrängt auf der Oberfläche, darin: eine Welt, nur eine Erschütterung von ihrem Zerbersten entfernt.

Der Gehstock des Großvaters, in seiner rechten Hand; der Schwung über die Hüfte, über den Stockscheitel, über Betonplatten rollend. Der Derbygriff: eine Linie wie eine Tanzbewegung; das nachgedunkelte Holz, vielleicht Buche, lasiert, am Griff matt geschabt und körnig, rau. Die Erinnerung ist mit einem Mal *da*, mit Schrecken *da*, dass sie so lange nicht da war; und plötzlich erinnere ich wieder, dass es den Stock gibt, dass es das Abbild des Großvaters mit Stock in mir gibt.

Wie bezeichnet man eine Erinnerung, an die man sich nicht erinnern kann, vielleicht: noch nicht erinnern kann? Was bezeichnet eine Erinnerung? Dass sie *da* ist. Präziser: dass sie *da* gewesen ist, als Zeichenfolge, Abbild, als *Erlebnis*. Erinnern bedeutet auch: aus der Unschärfe alles Gewesenen, aus dem Vergessen aufschrecken, hochrot, mit Flackerblick zu allen Seiten.

Die Erinnerung: etwas ist noch einmal da; etwas ist noch immer da.

Du bist noch einmal da; du bist noch immer da.

Du trägst ein Kind auf deinem Arm; du sitzt auf dem braunen Sofa, lächelst von unten, lächelst symmetrisch; deine schwere Hand stützt den kleinen Kopf, der sich ins Bild wendet; die Augen des Kindes dunkel, blau, denen der Großmutter gleich; im Hintergrund die gebogenen Blätter der Yuccapalme, Regalbretter. Du trägst mich in deinem Arm: ich erkenne mich nicht.

Ich sehe mich, Seite für Seite; ich erkenne mich nicht. Einzelnes Bild ohne das Kind: ein paar Schnürschuhe, grün und rosa und dunkelgrau, ledern; daneben brennt eine erste Kerze. Einige Seiten später beginne ich mir zu ähneln.

Bild des Großvaters, dein Bild, Spiegelbild (*Ich*): drei Schrägprofile; Form einer Stirn, schimmernd; die Faltenwürfe, Knochenkämme, als wäre noch etwas zu meißeln.

*

Der Teich von Wyręba, Anfangspunkt: von Schilfrohr beige umwachsen; links das Waldstück, dicht gedrängt, ansteigend: Nadelhölzer, Bodengewächse; und am Ende des Feldwegs klemmt ein weißes Kreuz im Acker, ohne Zeichen; eine Windmühle aus Plastik, handgroß, flattert am Bildrand; dahinter: Braun, weites Land.

Muskauer Straße (das *-us* wird schnell gesprochen): Trommeln in meinem Ohr, in den Nasenflügeln Geruch von Eingekochtem, vom Flur aus gerochen: Erinnerung an den Flurgeruch im Haus meiner frühen Kindheit, frisch gewischt; ich streife über das Geländer, erbsengrüner Lack, Einbuchtung eines Astlochs. Ich streife über den verglasten Bildschirm, das eingescannte Papier, Schwarzdruck vom Stadtarchiv, während unten die Birke golden tanzt: Muskauer Straße (das *-us* wird schnell gesprochen): hier wohnt der Großvater, einst. Ich google die Adresse, das Haus liegt 4,1 Kilometer entfernt; ich ziehe das orange Männchen auf die Karte, lasse es auf die Straße vor dem Haus fallen; ich zoome hinein, zur Türpforte, zu den Fensterbänken; der Putz im ersten Stockwerk: ornamentiert, Schatten werfend, *très parisien*; an einem Tag werde ich hier stehen: hier, wo du nie warst.

Bild von einem Pferdekarren, darauf der Großvater, in der Hocke, mit dem rechten Fuß zum Lauf ansetzend, vielleicht fünf Jahre alt, mit Schiebermütze; der Blick ragt aus dem Bild; im Hintergrund graustufige Hügellandschaft, Kinderköpfe, Pferdegeschirr. Der Großvater ist ein Waisenjunge. Der nächste Datenpunkt: Muskauer Straße, eine Zeile in einem Adressbuch, Jahrzehnte später.

Der Großvater war einst Eisverkäufer, sagt man sich.

Handschuhpaar des Großvaters, mit Lammfell gefüttert, schwarzledern: wird dein Handschuhpaar; wird mein Handschuhpaar. Ich erinnere: den Lauf der Naht am Handschuhbund; meine Hand, zur Faust geballt, und die Spannung des Leders.

Ich laufe an der Hand des Großvaters durch einen Park; der Großvater zeigt mit dem Finger auf etwas: ich erinnere, wie er das Wort *Farn* ausspricht; ich erinnere seine Stimme.

Ich stehe vor dem Haus in der Muskauer Straße (das *-us* wird schnell gesprochen): ich fahre mit der Hand über den Türknauf, trete einen Schritt zurück, lege den Kopf in den Nacken, blicke an der Fassade empor; in einer Wohnung im dritten Geschoss brennt Licht, darüber Abendblau, wolkenlos. Als ich gehe, öffnet ein Mann die Haustür. Ich sehe in den Spalt, durch den Spalt: der Flur, links der Treppenaufgang, dahinter der Hof, und für einen Moment ist es taghell, eine kolorierte Filmsequenz, ein Riss im Jetzt: Damen in Hüten, abgestupste Asche der Zigarren, ein Zeitungsbursche mit Schiebermütze, johlend, zwei Männer in Lodenmänteln (auf der Stelle tretend), in der Ferne das Klackern von Pferdehufen, Brummen der Automobile, Rattern eines Abspielgeräts. Die Tür fällt zu, der Spalt fällt zu. Ich gehe weiter; ich gehe die Muskauer Straße entlang; später wird es regnen.

*

Ich sitze auf dem Holzschlitten: ein Junge sitzt auf einem Holzschlitten, die Kinderhände um die roten Wachsgriffe geschlungen. Die Tannen tragen weißes Kleid, biegen sich unter dem Gewicht des Schnees; und manchmal geben sie eine Scholle frei, die pudernd herabfällt, Rieselgeräusch, während der Ast zurückschnellt und für einen Moment wippt. Du ziehst den Schlitten, der Großvater zieht den Schlitten. Ich sehe die Rücken eurer Mäntel und die Atemwölkchen, die über euren Köpfen kondensieren: Rückansicht zweier Männer, in Wintermänteln, einen Schlitten ziehend; der Junge neigt sich nach vorn, die Kinderfüße auf dem Holzrahmen, sieht dem Weiß nach und den Tannenfeldern, während der Atem über seinem Kopf in kleinen Wölkchen nebelt. Ihr zieht und zieht; und einmal stehen wir auf einer Anhöhe. Ihr schiebt den Schlitten jetzt: ich sehe Weiß und Tannen.

Kufen, Speckschwarte: ich erinnere die Kufen des Schlittens, silberfarben, zu den Seiten gerundet, und den Großvater, der mit der Speckschwarte über die Kufen fährt: es ratscht; frühmorgens, im Keller.

Nach dem Mittagessen geht der Großvater manchmal in den Park; er wickelt die Reste vom Kopfsalat (Strunk, Außenblätter, Bräunliches) in die Zeitung vom Vortag ein, greift nach dem Stock und geht zur Tür hinaus; er füttert den Affen (*Bruno*), sagt man sich. Er geht stets allein.

*

Unterwasseransicht: ein Schuhkarton, von außen mit Raufaser tapeziert, von innen dunkelblau gepinselt, mit Wasserfarben; Papierfische (rot, rosafarben, orange) baumeln von der Decke des Kartons, mit Garn und Tesafilm kaum sichtbar befestigt; auf dem Grund: Algenblätter (dünne Fäden von krausem Krepppapier). Ich erinnere: wie der Zeigefinger der Großmutter die Fische anstupst; das Geräusch ihres Räusperns: das Ansetzen zu einem Zeichen, zu einer Auslassung.

Grenzraum zwischen Zeichen und Auslassung: sich austestend, überlappend; Brackwasser.

Auslassungen: und auf manchen Dingen bleibt ein Stein, den ich nicht wenden werde; und manche Gebiete bleiben Gebiete: Grundmoränen, gehäuftes Geröll.

Zeichen: *eine* Wirklichwerdung; Auslassung: verstrichene (vertane) Möglichkeit einer Wirklichwerdung.

Jeder Satz, jedes Zeichen (jede Auslassung): ein Abschied, von dir, von mir.

Novembertage, Dezembertage: mein nackter Körper, auf Kieselsteinen, auf nassem Laub, auf Kopfsteinpflaster, Dielenböden, geteerten Straßen; seit Tagen Trommeln in der Herzgegend, Enge in der Brust, Luftnot; und alles liegt verstreut und zerrafft zu meinen Füßen (Geigenspiel, Kamerafahrt).

Ich will dich verlieren, weil ich dich verloren habe.

Ich bringe dich aus mir heraus: ich bringe mich aus mir heraus; ich quetsche mit der Hand nach Worten, Sehnentanz im Halbschatten, Aderläufe, bachgrün; jedes Wort: ein Stück *Ich*; liegt wie Erbrochenes versprengt auf den Böden: ich, *Ich.*

*

Gerippe der Eichen, Buchen. Vogelnester wie Distelköpfe, in den blattlosen Kronen versteckt, enttarnt. Der Bodennebel flirrt auf kartoffelfarbenen, weiß bespitzten Feldern. Eine Gruppe von Birken, milchstämmig, doch kräftiger als die Birke, von der die Rede ist. Baufahrzeuge blinken stumm an einer Kreuzung. Im Ohr: Summen der Schienen, Pfeifen der Belüftung.

Gleis (Erinnerung): du, auf dem Bahnsteig wartend: das brüchige Leder an der Gürtelschnalle; das Hemd aus Flanell, kariert, viel Blau und Rot, in die Jeans gesteckt; die offene Winterjacke; die Haare schütter und bleich; Fingerflecken auf dem

Brillenglas. Deine Augen, die suchend über den Bahnsteig wandern; deine Augen, die meine Augen finden. Wärme und Textur der Innenfläche deiner Hand, Weg zum Parkplatz.

*

Erinnerung an die Haut eines Pfirsichs: du magst Pfirsiche nicht, du bekommst Gänsehaut und Zittern von den kleinen Härchen; du bist seit mehr als sieben Jahren tot: ich nutze die falsche Zeitform.

Erinnerung an einen Sommernachmittag am Strand von Kefalonia: ich beiße in einen Bergpfirsich, Saft tropft auf meinen Bauch, perlt zur Seite, hinterlässt eine Spur aus Zucker; später springe ich ins Wasser: Wellen schlagen gegen meinen Rücken, weiße Kiesel kitzeln unter den Füßen; stetes Klackern, stetes Rascheln, umringt von Blau.

*

Kiefernwälder krümmen sich in den frühen Abend, rauschen an der Fensterscheibe vorbei; lichte gelbbraune Büsche, verformt, Wellenlinien, nur als Mehrzahl zu erkennen; stellenweise ein roter Tupfen, dahinter braune Äcker, leer und matschig. Ich spiegle mich in der Scheibe, im Schotterbett des Nebengleises; erst wird es Herbst, erst wird es Winter.

Strandspaziergang, Ostseeküste: drei Grad; ich laufe auf einen Leuchtturm zu, der giftgrün blinkt; etwas sticht und brennt jetzt hinter meinen Augen, unter meiner Schädeldecke, unter den Fingernägeln und den Rippenbögen; ich laufe auf einen anderen Leuchtturm zu, an einem anderen Ort; auf den gleichen Leuchtturm, an einem anderen Ort, vor bald acht Jahren:

ich laufe an deiner Hand, die wärmt, die längst nur noch Natur ist; deine Nase, rot vom Wind, und die Augen von der Chemotherapie schwarz und lila unterlaufen; die Jacke hochgeschlossen, die Brille vorgerutscht; ich laufe auf deinen Tod zu, auf den letzten Jahreswechsel, auf einen Leuchtturm, der im Nebel blinkt, Sand, deine Haut, die Poren und der Tod; ich sehe das letzte Meer und dann breche ich ab, ich verschwinde vom Strand, schnell, ich renne nach rechts, halte die Hand, die ich immer halte, seit Jahren schon. Ich fasse in das Dünengras, mit der rechten Hand. Später rieselt Sand aus meinen Socken; ich schlafe ruhig, ich träume kaum.

Am nächsten Abend, beinahe plötzlich, erscheint es, als endetest du: das zweite Mal, das endgültige Mal: ohne Grund; gestorben an einem Samstagabend im Dezember.

Und ich laufe entlang der Schneise, die Schnee führt; in der Ferne: die Kontur einer Hütte, ein gelbes Licht, ein Gesicht, schraffiert, deutlicher werdend: mein Gesicht.

Mein Hals kloßt noch immer, meine Augen stieren: über die Ackerfurchen, Baumwipfel, Kirchturmspitzen; leises Nachwimmern der Stimmbänder, eine Erregung, doch im Abklingen; feuchte Kälte durchzuckt meine Knie, Hüften, Speichen; Geruchsfäden von Speck und loderndem Feuer; ein Kuss, den ich mir zuwerfe.

Zugfahrt, mit schneenassen Haaren, Ohren: ich will den Morgennebel streicheln; ich streiche mit der flachen Hand über meinen Bauch; ich sehe dem welligen Grün der Kohlfelder nach, den Silhouetten der Baumgrüppchen, Sträucher; und all die Masten, Leitungen, schwarzen Hängelinien, anfangslos, endlos.

Freitag: die Sonne klimpert über die Dachlinie, eine Federwolke spannt sich über das Blau (9:22 Uhr), zerstäubt binnen fünf Minuten; Schattenspiel der Yuccablätter, Maserung der Birkenholzplatte, Wasserkringel, Kerben; Abfolge von Erinnerungsbildern: zitternde, sich schüttelnde Flussoberfläche, im Vorbeispazieren, vorgestern; ein weiteres Erinnerungsbild (seit Tagen): du, die Türklinke herunterdrückend, 21. Dezember, nach der letzten Chemotherapie vor Weihnachten, erschöpft lächelnd, die Aussicht auf drei Wochen Pause, ein Freitag.

Chemotherapie: du sitzt dort, auf einem Stuhl mit zurückgestellter Lehne, fast jeden Freitag: ein Tropf; und ein Tropf; und noch ein Tropf, manchmal ein vierter. Du sitzt in einem Großraum mit 15 anderen Menschen, drei oder vier Stunden lang; in meiner Vorstellung ist der Stuhl elfenbeinfarben, mit straffem Leder bezogen: ich war nie dort, in diesem Raum.

Ich hole dich manchmal von dort ab. Ich warte im roten Toyota Aygo auf dem Parkplatz vor MediaMarkt; ich sehe dich aus dem Aufzug treten, braune Wildlederjacke, die Brille weit vor auf die Nasenspitze gerutscht, zerzaustes Haar, kariertes Hemd, der brüchige Ledergürtel. Eine Schiebetür aus Glas öffnet sich, du steigst die Halbtreppe hinab, eine Hand am Geländer. Wir umarmen uns. Ich fahre langsam; du hältst dich an dem Plastikgriff über dem Fenster fest, dein Bauch schmerzt bei jeder Erschütterung; tief stehende Sonne fällt durch die Windschutzscheibe.

Kitzeln, an diesem selben Freitag, bald 10:08 Uhr: die Sonne treibt nach rechts, verschwindet hinter dem Backsteinturm, während grüne Kügelchen mit gelbem Rand hinter meinen verschlossenen Augen flimmern: Formation aus allen Sonnen, »Es geht nichts verloren« (Elke Erb); stetes Kreisen: Bild der Zirkusplane, weiß und rot, Nebelmaschinen, Trommelmusik, ein angebundenes Pferd, Staub. Und der Zustand der Birke: blattlos, gegenwärtig blattlos: *der Zustand vor dem Blatt.*

Späterer Mittag: ich winde mich, flaches Ausatmen, Kitzeln am Hinterkopf, unter dem rötlichen Schorf; ich kratze, aus Verlegenheit (*die Gewohnheit der Wunde*); die Teetasse auf der Birkenholzplatte, die plötzlich vor meinen Augen verschwimmt: die Augen zittern jetzt vor jedem Bild, das sich auftut; ich kreise, obwohl ich stehe, sitze, liege; rostfarbene Nagelspitzen, Schwindelgefühl, den Tag über.

(Du wirst durch keine Türe mehr gehen, keine Klinke mehr herunterdrücken.)

Zwei Tage vor Weihnachten: die Dachziegeln glänzen wie dunkles Fleisch, von unten dumpfe Schläge eines Hammers, Hupen, Hundegebell. Ich klebe rote Etiketten auf die Päckchen, notiere Namen darauf, mit Filzstift, schwarz; Regentröpfeln (Hintergrundgeräusch). Wieder kloßt der Hals, zittern die Augen; und dann will ich sie zerreißen, jedes einzelne Päckchen: an die Wand schmeißen, fluchen, ein Feuer legen: will, dass es laut Puff macht, ratscht, knistert, will das Lodern und die Asche. Ich knie auf dem Boden: Schattenwurf der Yuccapalme; seit heute werden die Tage wieder länger; bin blattlos: *der Zustand vor dem Blatt.*

Breche seit Stunden ab, Satz um Satz: weiße Zeilen.

*

Du kniest im Schnee, mit einer Hand aufgestützt, die andere umgreift die Säge, die durchs Unterholz fährt; du sägst, bis die Tanne kippt und leise ächzt. Es dunkelt schon, du tragst Handschuhe, es ist der Samstag vor Weihnachten: in Kindertagen. Ich streiche mit einem Tannenzweig über meine Oberlippe, meine Wange; der Schnee knirscht unter meinen Winterschuhen. Du ziehst die Tanne vor zu einer großen Holzhütte, wo zwei Männer warten und den Baum in einen Kegelstumpf heben, ihn durch eine Röhre schieben, die ihn ausspeit, in ein Rasternetz aus Nylon gefasst. Du stemmst den Baum aufs Dach des VW Passat, gurtest ihn mit Gummibändern fest; ich darf den Haken eines Gummibands in der Dachreling einspannen. Danach gehen wir noch einmal zurück zur Hütte, es ist beinahe dunkel; du isst einen Teller Erbsensuppe, trinkst eine Tasse Glühwein.

Glockenläuten, kurz nach 17 Uhr, Vorplatz der Kirche: ich fahre mit dem Schuh über den Kies; ich erinnere das Rascheln; jemand wünscht frohe Weihnachten; wir steigen ins Auto, du steckst den Schlüssel ins Zündschloss, drehst ihn, ein metallisches Geräusch, und die Tankleuchte und die anderen Leuchten blinken auf. Ich sitze hinten rechts: ich schaue über deine Nasenspitze (gerötet von der Kälte); wir fahren nach Hause: am Lidl vorbei, das große Leuchtschild, gelb und blau, die abfallende Buchsbaumhecke, über den Kreisverkehr, am Glascontainer vorbei, den Berg hinab, bremsen, eine Linkskurve; du ziehst die Handbremse fest.

Ihr esst eine Fischsuppe, tiefgekühlt, von Eismann: ich erinnere das Gesicht des Eismann-Lieferboten, den Overall, das Lautbild einiger Wörter aus seinem Mund: »Richtig«, »Genau«, »Mama«, »Hörnchen«. Ich esse Feldsalat mit Zitronendressing. Wir essen Schweinefilet mit Sauce béarnaise und dreieckigen Kartoffelrösti, von Eismann, später von Lidl. Wir trinken aus den Gläsern der Großeltern: die Gläser, die nach Traubensaft riechen; die Gläser, die das Jahr über in der Vitrine stehen, neben der Mecki-Puppe.

Nach dem Essen, nach der Bescherung, späterer Abend, Jahr für Jahr: du verschwindest im Schlafzimmer; du kehrst zurück, ein zusätzliches Geschenk für jeden von uns in der Hand; du willst nicht, dass unsere Bescherung endet.

*

Die Flamme neigt sich hin und her, du streckst den Zeigefinger aus, schaust uns an, lächelst; du führst den Zeigefinger langsam, doch schnell genug mitten durch das Feuer; wir kichern und kreischen; du schiebst den Finger wieder zurück, noch einmal durch das Feuer, jetzt noch langsamer; Ruß setzt sich in die Vertiefungen der Papillarleisten. Für einen Augenblick, auf einem einzelnen Bild: zwei Flammen, getrennt durch deine Haut.

Vier rote Kerzen, im Quadrat angeordnet: das heiße Wachs läuft in geraden Linien über den Rand, die Abwärme dreht die angeschrägten Holzleisten, dreht Josef, Maria und die Engel, treibt sie Runde um Runde um das nackte Jesuskind in der Krippe: *das unaufhörliche Kreisen um eine leere Mitte.* Und das Windspiel trägt einen Namen: *Josef*; weil ich es so nenne; weil ich mit dem Finger darauf zeige und *Josef* sage, immer wieder. *Josef* ist meine Antwort: und die Antwort wird ein Name, mit jeder Nennung mehr, härtet aus wie flüssiges Kerzenwachs.

Ich halte einen Bund mit bunten Plastikschlüsseln in der Hand; ich stehe vor der verschlossenen, mit einem Bettlaken verhängten Tür. Du filmst von rechts oben, der Großvater hält mich an der Hand, probiert mit mir Schlüssel um Schlüssel. Ich höre deine Stimme, die nicht deine Stimme ist; du sagst meinen Namen, jemand sagt meinen Namen. Knarzen, dann ein Schnitt. Auf dem nächsten Bild sitze ich auf einem Holzschaukelpferd, meine Schwester krabbelt über das Parkett. Ich erinnere: die Tannennadeln an meinen Fingern, die verrußte Glasscheibe des Kamins.

*

Tannenkranz (die Farbe Grün): geknotetes Grün, stichig, um eine leere Mitte gebunden, mit bunten Schleifen, mit Kerzen und mit Flammen, die leise knistern; Fotografie vom Grab des Großvaters, 13 mal 18 Zentimeter: Tannenkränze, schräg aufgeschichtet, mit bunten Schleifen, in der Mitte hohl, leer (*die leere Mitte*); ein Satz, Tage später: *Grün nagt an Grün, Grün treibt ins Grün*; »weil man hofft, dass es wieder grün wird«.

Kiefernfluchten, die langen Stämmchen wie Giraffenhälse, darauf der schüttere Kinderkopf. *High Noon*, rostfarbenes Unterholz; und manchmal huscht ein Eichhörnchen schräg über den Weg, ohne sich umzusehen (*gestern auf dem Weg zum Parkplatz habe ich ein Eichhörnchen gesehen*): Punktbilder von einem braunen Schweif, schon im Geäst verschwunden.

Winterbild: die Vogeltränke, von der Großmutter getöpfert, im Innenhof, später auf der Terrasse; das Braun (äußerer Ring) und das Grün (die Kreisfläche); Eis, das flach auf dem Grün schollt; und eine Meise, die ratlos pickt.

Efeu: die Großmutter steht im geblümten Rock auf den Betonplatten, trägt Bluse, Sandalen, die getönte Brille, hält eine Rosenschere in der rechten Hand, schneidet Ästchen, zupft die Blätter vom Efeu, der die weiße Mauer hochrankt. Ich sehe an mir herunter: ich trage das Mickey-Mouse-T-Shirt und blaue Sandalen. Ich sehe zur Großmutter, die auf einen Efeuzweig zeigt, spricht; ich erinnere: die Aussprache des Wortes *Efeu*, Tanz von *e* und *u*, leiernd, eine Dehnung auf der zweiten Silbe: Ef*eu*, *Eu* (gesprochen: Oih), Wurzel-*Eu*; den Eimer für den abgeschnittenen Efeu (rechts unten im Bild); die Wurzelnoppen, die auf der weißen Wand zurückbleiben.

*

Klarer Wintermorgen, ein Grad, der letzte Tag in diesem Jahr. Zwei Bilder, nebeneinandergelegt: auf dem einen du, auf dem anderen dein Enkelkind (Tochter meiner Schwester); ihr beide fast zweijährig, stupsnasig, mit blondem Lockenhaar. Ich blicke auf, aus dem Fenster: Vogelschwärme kreisen um den Backsteinturm, kreischen, quaken, ziehen ins Bild und wieder hinaus; das Schlagen der schwarzen Flügel, auf und ab.

*

Versuch über den Zusammenhang, jäh abgebrochen: wie feines Garn, das durch die unsichtbaren Ösen der Dinge führt, sie rafft, zueinander in Position setzt, das die Bewegung eines Dings auf ein anderes übersetzt, das die Bewegung *ist*; Tunnelschächte, Luftröhrchen usw.

Die transformative Gestalt der Natur: etwas, das aus etwas anderem entsteht, das sich aus etwas anderem formt, ableitet, das aus etwas anderem herauswächst; etwas, das zunächst an etwas anderem hängt (Nabel, Blüte), mit etwas anderem *zusammenhängt.*

Lebkuchengewürz (Kardamom, Piment, Sternanis, Würznelken), zweimal im Vorbeigehen gerochen. Das erste Riechen: ein Nachmittag an einer belebten Straßenecke, plötzlich blutwarmer Bauch, Wohlgefühl, kitzelnd: vertraut, doch unverbunden; ich bleibe stehen, rieche. Das zweite Riechen, drei Wochen danach, eine andere Straßenecke: wieder glüht der Bauch ganz plötzlich, Rumoren und Kitzeln durch die Mitte; ich bleibe stehen, rieche, erinnere zunächst den letzten Geruch drei Wochen zuvor, dann Fallbewegung in einen Schacht, Bild der Großmutter, geschürzt, über das Backblech gebeugt, nussbraunes Gelände, Dampfschwaden; das Fenster zum Innenhof steht auf Kipp, ein grün-weiß kariertes Küchenhandtuch auf dem Fensterbrett, eine Meise pickt auf der vereisten Vogeltränke. Ich gehe weiter, setze einen Fuß vor den anderen.

*

Ich laufe wie auf Luftkissen, den ganzen Tag schon: auf etwas, das zwischen mir (meinen Füßen) und den Böden liegt. Ich sehe den roten Wachsbällchen in der Lavalampe zu, wie sie immer neue Formen annehmen, sich dehnen und stauchen, reißen, neu vereinen: sich zufällig aus der vergangenen Form formen; sanfte Erinnerung an den Blick durch die verrußte Scheibe des Holzofens (Weihnachtszeit, fünfjährig): loderndes Rot, Gelbtöne; Umrandungen, die sich ständig verformen, darunter das Material, puffend ein letztes Mal verformt: zu Asche.

*

Die Kamtschatka-Birke am koreanischen Baekdusan-Berg (Sequenz aus einer Reportage, spätabends): weites Plateau, gehüllt in eine dichte Schneedecke, Gestöber; die Kamtschatka-Birke neigt sich schräg in den Eiswind, rollt sich ein, trägt die Äste verdreht, knotig, die Haut eine pudrige Kruste; die Kamtschatka-Birke zittert vor Kälte, »sie scheint Wacht zu halten«. Heute Früh fällt der erste Schnee: kleine Körnchen, Zucker, umtreiben die rostigen Blätter, den Stamm aus Milch; die leichte Krümmung der Birke: »der Zusammenhang ist möglich« (Peter Handke), jederzeit.

Der Zustand vor dem Blatt: auf den Dachziegeln kachelt dünner Frost, schwarz gerahmt von der ausgehenden Nacht; in der Ferne Verläufe eines Abflussrohrs, silberfarben, schemenhaft; und das Blatt scheint weiß, *ist* weiß (farbloses Weiß); das leere Blatt: fleckenlos, unberührt, das Noch-Nicht; der Zustand vor dem Blatt ist der Zustand vor dem Satz: verhülltes Wissen um ein Wort.

*

Traumfigur der letzten Nacht: ich krabble über einen Holzboden, treibe Staubknäuel auf; ich krabble durch einen Raum, der mir bekannt ist, *mein Raum* ist; einen Meter vor der Wand steht ein Sofa, kognakfarbenes Leder, abgeschabt, brüchig, zwei Sitzkissen, dahinter, in die Wand eingelassen: eine Tür zu einem Hohlraum, ein Versteck (im Traum jedoch allseits bekannt); und in dem Hohlraum, am schwärzesten Punkt, tatsächlich versteckt: eine Luke; eine Luke, die in einen Raum führt, der exakt der gleiche ist wie der, aus dem ich komme, bloß leer, unbewohnt, noch niemals betreten (es hallt): eine Spiegelung (Verdopplung) der Welt. Ich erkenne den gespiegelten Raum wieder: im Traum, und noch kurz darauf im Erwachen.

*

Es hallt und gewittert, Lederlappen wischen Trost von meinen kalten Wangen, reiben auf den Kieferplättchen, Krach und Krawumm; wie ein Haschen: Wind, der schon nicht mehr *da* ist; *der Hase, der schon im Unterholz verschwunden ist*; die Gier nach der Luke: im Unterbauch; nasse Stirn, samtig die Zunge, Pelzgeschmack, Glockengeläut, bläulicher Wintertag, kurz nach vier.

Das *Ich* ist eine Grenze. Ich bin mir Grenze. Meine Sprache erlaubt mir keine Überschreitung der Grenze: eine Sprache lehnt sich ins Dazwischen, ragt blind in den Hohlraum zwischen den Grenzen, stets mit einem Fuß im *Ich*. Jeder Satz ist ein Anfang (Versuch des Entkommens; Versuch einer Übereinkunft). Jeder Satz bleibt unvereinigt, im Dazwischen (Unmöglichkeit des Entkommens).

Die Luke (Falle): die Luke ist keine Luke; die Luke ist eine Falltür: ins Nichts; die Luke führt an das Ende der Sprache, an das Ende des Seins; die Luke ist stets geschlossen zu halten.

Ich kehre um.

Was ich nicht denken kann, kann ich auch nicht sagen.

Du stirbst zum ersten Mal in meinem Traum. Im Aufwachen: Gefühl einer Befreiung, ruhiger Atem. Ich umarme dich ein letztes Mal; du sitzt auf unserem Sofa, presst deine warme Brust gegen meine, feuchtgeschwitzter Flanellstoff, Konturen deines Unterhemds, Geruch deiner Haut, Bartstoppeln, Wange an Wange, zwei warme Körper, Köpfe. Im nächsten Bild bist du tot; es ist Morgen, und es ist gut; ich sitze auf einem Korbstuhl in Südfrankreich. Ein Stichweg führt vor zum Meer, jemand streicht über meine Schulter, drückt umständlich sein Beileid aus; dann werde ich wach. Später: Schneefall, langer Spaziergang.

*

Der Weg durchs Öhr: Verengung der Spur, zu den Rändern ausfasernder Tritt, Bröselwege, ein Trichter, und der Abgrund: offen stehend, einen Halbschritt entfernt; allmähliche Verringerung der Deckenhöhe, geduckte Bewegung, irgendwann krabbeln, robben, quetschen, monatelang; und nach der engsten Stelle ein kurzes, straffes Besinnen: ich lebe.

*

Nur eines geht nicht weg: die Enge.

Der Versuch, die Enge zu verlassen, bedeutet einen Verrat: an den Dingen, die ich kenne; an der Sprache, die ich spreche.

Jeder Satz ist ein Verrat: jeder Satz ist eine Befreiung.

Das Möbelhaus nahe der Autobahnauffahrt, ein Samstagnachmittag, draußen dichter Nebel, Nieselregen: wir suchen einen Couchtisch aus (Weichholzrahmen, eingefasste Glasplatte). Dann beginnt das Verhandeln, beginnst du zu verhandeln: zwanzig, dreißig, fünfunddreißig Euro; ich gehe einige Schritte zur Seite, du gestikulierst, der Verkäufer hebt die Hände, zuckt mit den Schultern, ihr redet aufeinander ein, immer lauter. Ich wende mich ab, gehe hinaus, über einen roten Teppich, durch eine Schiebetür, vorbei an einem zwei Meter großen Teddybären aus Pappmaschee; Geruch von einem Glühweinstand, Apfelpunsch, Frauen in Felljacken, süß parfümiert. Ich warte draußen im Nieselregen; ich will nicht, dass es wichtig ist; ich schäme mich.

Ich bin 16 Jahre alt: wir verreisen zum ersten Mal mit dem Flugzeug; wir bringen die Koffer am Vorabend zum Flughafen; wir teilen zu viert ein kleines Appartement. Abends rauche ich heimlich vor dem Hotel. Ich erinnere: den nierenförmigen Pool und die Anhöhe links der Bucht (beiges Gestein, kieselig).

Am Morgen vor jeder Abiturprüfung presst du mir ein Glas frischen Orangensaft. Während der mündlichen Prüfung wartest du im Auto, unabgesprochen: ich komme aus dem Gebäude, sehe den Opel Astra in der zweiten Reihe auf dem Parkplatz, sehe dich, am Steuer, die Finger tippelnd auf dem Lenkrad, die Stirnfalte, die Brille, fleckig. Dann siehst du mich: ich lache, balle die Faust; und du weinst: vor Freude.

Tage nach der letzten Abiturprüfung, ein Samstag: wir kaufen einen Anzug für den Abschlussball. Der Anzug, den ich mir wünsche: schwarz glänzend, 189 Euro; du schluckst, kaufst ihn trotzdem (Erinnerungsbild: du, an der Kasse stehend). Später sitzen wir im Auto: Tränen kräuseln sich über deine rasierte Wange. Wir sagen beide nichts.

Nach der Zeugnisübergabe fahren wir manchmal zu McDonald's: ich esse Chicken McNuggets (neun Stück, mit Süßsauer-Soße) und Pommes frites; ich trinke Coca-Cola, 0,3 Liter. Ich erinnere: den Parkplatz und das Einparkgeräusch des Opel Astra, die Form der Pommestüten, die Rutsche im Außenbereich (helixförmig, um eine leere Mitte kreisend). Einmal rülpse ich laut, versehentlich, von der Kohlensäure: ich schäme mich; ich schaue durch die Fensterscheibe auf eine kantig gestutzte Buchsbaumhecke; weiter hinten im Nebel: Baugerüste, Leuchtreklame der Lidl-Filiale.

Gelbe und rote Beschilderungen: »Rabatt«, »Sale«, »2 für 1«. Neonlicht fällt von der Decke auf die Gänge, auf die gebeugten Köpfe: grell, schneidend, wie ein schrilles Piepen. Am Eingang steht immer das Wasser, Saskia-Quelle, Sechserpack; Rattern der Einkaufswagen über die Fugen, der Fußboden weiß grundiert und sandfarben gescheckt, kleines Quadrat; im Kühlregal Desserts von Lidl-Gourmet, Tiramisu und Crème brûlée, im Sonderangebot, aber teurer als die anderen Desserts; die 500-Gramm-Tüte Pom-Bär-Chips für 2,22 Euro; unten in den Regalen lagern immer die Eigenmarken, im Sichtfeld die teureren Äquivalente der Premiummarken (Milka, Snickers, Chipsfrisch); Kollision zweier Einkaufswagen im Mittelgang, Pöbeln eines Mannes, Krächzen der Metallstreben, Handgreiflichkeiten.

*

Die Geburtstage in der anderen Stadt: die Fahrt im Nachmittagsverkehr, Blinken der Ampeln, Rückleuchten, die Übelkeit, heruntergelassene Fensterscheibe, Blick zum Bordstein (ich habe mich nie übergeben).

Bei Kaffee und Sahnekuchen, später: dickbäuchige Männer, die mit ihren Autos protzen; weiße Spitzentischdecken, holziges Lachen, Brummen. Der neue 3er BMW, die kleinen Modelle der großen Marken: Ausweis eines Dazugehörens, zu hegen und zu pflegen, per Kredit abzustottern, an den Samstagen zu polieren; im Zweiwochentakt: Waschstraße, Aussaugen, Abwischen der Armaturen mit einem Ledertuch; glatte, gepflegte Häute.

Ich sehe dich an diesem Tisch, die Kaffeetasse in der Hand, leise, die Schultern abfallend, im Flanellhemd; Geräusch der Sprühsahne, lautes Gegockel der anderen, Gerede: wieder von Autos, Markenartikeln (Schuhe von Adidas, Pullover von Tommy Hilfiger): Dinge, die dir wichtig werden, weil sie allen wichtig sind, obwohl du sie verachtest.

*

Die Enge verengt das Wünschen, verhindert das Wahrwerden.

Die Enge ist eine ökonomische Bedingung: und während ein Satz verklingt, plustern sich die Gockel weiter, kreist draußen das große Karussell um die leere Mitte, laufen die Pferdchen, hecheln die Hunde, peitschen die Peitscher, klimpert Jahrmarktmusik, stäuben Zuckerdüfte aus den Büchsen.

Ein Kennzeichen der Enge ist nicht unbedingt der Mangel an Dingen, sondern die stille Angst vor ihrem Verlust. Die Enge bedeutet häufig eine Überfülle (der Mägen, Vorratsschränke; ein über Generationen transponiertes Entbehrungsgefühl).

Die Enge reduziert das Sein auf ein Haben.

Die Enge verachtet das Asketische; die Enge verachtet den Künstler (»brotlose Kunst«).

Erlebnis einer wiederkehrenden Erinnerung: der Spätsommertag, vom Beifahrersitz beobachtet: die Landstraße und das Sonnenblumenfeld; die verbrannten Köpfe und die Stängel; Blütenblätter, die wie nass geduscht fallen, sich kräuseln und krümmen; und der Blütenstempel, safrangelb, zum Boden geneigt, in Brauntönen gerahmt, ein Negativ; das Bild von Egon Schiele an einem Sommertag in Wien; die Sonnenblumenköpfe, die wir in dein Grab werfen, Jahre zuvor; und die Verfremdung der Bilder: aller Bilder.

Du bist kein zweites Mal gestorben; du bist seit sieben Jahren tot. Ich erlebe deinen Tod: heute, in diesen Sätzen, sieben Jahre nachdem du gestorben bist; ich erlebe ihn seit dem Tag im Herbst vor sieben Jahren; und ich werde ihn immer weiter erleben. Das Erleben endet nicht, denn ein Ende des Erlebens würde ein Bewältigen des Erlebten bedeuten.

Wo bist du jetzt?

*

Die Moose und die Flechten, die auf deinem Grabstein wachsen; die in den gefrästen Linien nisten, die deinen Namen schreiben; die in deinem Namen hausen; die deinen Namen überschreiben; und die Farbe wird eine andere, der Stein wird ein anderer: Jahr für Jahr; dahinter und ringsum Januarboden, in dem die Tannen wurzeln und zarte Triebe schlagen.

Die Knochen werden zu Kalk; aus den Gebeinen sprießen Tulpenköpfe.

Die Abendstunden: der Mond ins Obszöne vergrößert, weiß; und die neue Bodenleuchte in meinem Rücken, dem Mond nachgeformt. Eine halbwache Nacht, auf der Schwelle zwischen Traum und Erwachen. Am Morgen sehne ich mich nach einem Feld voll Tulpen mit noch verschlossenen Köpfen (*der Zustand vor dem Blatt*).

Ich habe nie Blumen auf dein Grab gelegt (ich habe dich nie dort vermutet); ich schaue durch die Tannen, auf einen Fleck an der Horizontlinie, und wie der Wind ihn weiterträgt.

Ich grase auf randlosen Wiesen: nähre mich vom Bild der Blume, gewesenem Blühen und dem, was morgen ist. Ich schaue den Faltern nach, die den Himmel durchzirkeln; leises Flöten zwischen den Halmen und Kelchen (bläulich, gelblich); ein Apfelbäumchen. Bald wird es schwarz und schwärzer: ich dämmere an der Schwelle zum Schlaf, im Dazwischen (*der Zustand im Blatt*).

*

Krümmen der Fingerkuppe, Tasten der Zunge: an der Gaumendecke, an den Schneidezähnen; irgendwo Zwitschern; fernes Brausen und Gluckern; Wärme der Decke, der Kissen; Helligkeit der weißen Leinen, Silbermorgen, noch anzubrechen, als Möglichkeit vorhanden; gekrümmte Glieder, eingerollt in die Wärme. Suche blind die Hand, in der ich geborgen bin (*das Wissen um die Hand*); dann: Augenaufschlag, der Moment des Erwachens.

Ein anderes Fenster: Schrägblick auf die Straßenlaterne, die erlischt, wie ich hinsehe; bräunlich verquollene Fassaden, oranges Licht hinter zwei runden Flurfenstern (lukenhaft); die kahlen Ästchen einer Kastanie, zartes Fliederblau, wolkenlos, stramm gespannt. Und immer wieder sich näherndes Flöten und Rauschen der Busse, langsam anschwellend. Am zu mir nächsten Punkt dann: scharfes Ratschen über den nassen Asphalt, wie ein Riss durch ein Seidentuch, Überwindung einer Grenze, Kuppe. Sofort danach: Abfallen der Lautstärke, Zerfließen des Lautbilds.

*

Der Morgen beinahe windstill, der Blick wieder durch das gewohnte Fenster: ein weißes Knäuel aus kleinen Wolken schiebt sich über den Backsteinturm, zerfranst ins Silberblau, bald transparent, und bald verschwunden; dann: Anrollen der Morgensonne.

*

Schwellenzeile, im Erwachen: *entwirf dir treuen Fliegenpilz;* später Niesen, schneebeschürzte Dachrinnen, Graulicht.

Der Weg ist grün gefilzt, an den Rändern stehen mannshohe Fliegenpilze, lackiert, aus Pappmaschee. Ein kostümierter Mann mit Schiebermütze und Ringelshirt dreht mit der Hand an einem Leierkasten: und es tönt, leiert. Ich gehe an deiner Hand, vor zum Kettenkarussell; ich sitze auf deinem Schoß, der Silberbügel fällt nach unten, klirrt und rastet ein; dann verlieren wir den Boden unter den Füßen: wir kreisen um den weißen Stamm des Fliegenpilzes, immer wieder vorbei an dem Mann, der die Leierorgel spielt.

Entwirf dir treuen Fliegenpilz.

Und alles trägt Weiß an diesem Morgen: die Kuppel, das Hochdach, die Ziegeln und die Astrippen der Bäume. Eine Meise wippt auf dem Kopf der Birke, putzt sich ihr Gefieder, fliegt auf; der Stamm der Birke: jetzt weißer als Milch, gebeugt, der Kamtschatka-Birke ähnlich.

Rieseln aus dem Nickelhimmel: Körnchen, die ich mit gestreckter Zunge auflese, errötete Wangen; und ich summe den Liebesschwur: *entwirf dir treuen Fliegenpilz.*

Später, nach 14 Uhr: Sonnenschein und zartes *bleu.*

*

Mein Spiegelbild im mittleren Fenster: Dopplung der Schulter, der Lippen, Haarspitzen (schräg versetzt); die Köpfe der Tulpen: rotkelchig, in Gelb gerahmt, einer Nektarine gleich.

Augenpaar, das ich bin (nicht gedoppelt); in Höhlen eingesunken, geborgen: deinen Höhlen, Höhlen des Großvaters; die Brust, die sich mit dem Atem hebt; Sehnenspiel der Finger, raugeschabt; Härchen (gegen das Licht betrachtet); die Haut, die Staub wird, an einem Tag; die Haut ums Augenpaar: dreißigjährig, noch Januar.

Und es schuppt sich die Haut an den Schläfen, am Scheitel, am Hinterkopf: rieselt, wie ich kratze; kratzt, wie ich kratze; und rieselt, in Rieselfarben.

Psoriasis: ich löse mich auf: ich lege mich frei, Schicht für Schicht.

*

Entwirf dir treuen Fliegenpilz. Ich rätsle dem Rätsel nach, an weiß verhüllten Dämmertagen.

Der Großvater schaut nachts Boxkämpfe: Schwergewicht, live aus Las Vegas; die Großmutter schaut Wintersport: Skispringen und Biathlon (ich erinnere: das Klirren am Schießstand).

Der Sprung von Kazuyoshi Funaki, Nagano, 1998: auf 132,5 Meter; er trägt einen silbernen Neoprenanzug; auf der Brust: die Startnummer 62.

Zwischen meinen Ohren knistert mein Blut: wie die Himmeldecke aufbläut, der Nebel verpufft, wie's sprießt und sprießt, bald aus den Böden ploppt: noch früh, Frühling, dreißigjährig; ich setze einen Fuß vor den anderen, auf Rutschboden (das Eis gewellt): und schlittere, noch früh; kann Krokusse riechen, minus sieben Grad, kann alles riechen und sehen; Crescendo, Liebesschwüre, Trommelschläge zwischen meinen Ohren, Augen; noch früh und bald Frühling.

Der Zustand vor dem Blatt.

Knirschen von Schnee (*der Sturm trägt einen Namen*); unter den weißen Decken keimt die Zwiebel, platzt bald aus dem Frost, ans Licht; ein Teich mit Schwänen; und die Tulpenköpfe bleichen aus, die Stängel verlieren ihre Farbe: Blatt, das sich in sich kräuselt, angezogen von der Mitte; bald darauf fällt wieder Schnee.

Ich suche nach einem Wort: für das Gluckern, Rauschen, Umflattern, fürs Pastell: Stempelkissen *en rosé et noir*, plopp plopp, Bienenschwarm, Wasserpfützen, Halme von Gras, Gras, *l'amour fou,* zirpt die Luft, zirpt's aus dem Fliederbusch, zirp zirp, deckenlose Nacht, mondbeschienen, mein Auge brennt; und ich suche nach einem Wort: für den Sommer.

I search for a plain blue sky, and a stretch of sand, potato-colored.

*

Mein Schreiben ist dort, wo du nicht bist; mein Schreiben ist, wo niemand ist.

*

Und der Himmel bläulich; Frost, die Tage gleißen jetzt, gestreckte Pose, Spiegelbilder: und ich verkühle.

Die Lust nach einem Biss in das eigene Fleisch; eine noch nicht geschlossene Klammer; die Ahnung von Hohlräumen, Luken inmitten des Weiß; die Möglichkeit eines Zusammenhangs, die unweigerliche Vereinzelung; und der zuckrige Dekor um die Dinge (abzuschaben, Abfälle; mit Inbrunst zu lieben).

Entwirf dir treuen Fliegenpilz.

Ich schmiere Salben auf die blutroten Stellen, weißen Inseln.

*

Abschmelzen der Schneeschicht, ein Zu-Tage-Treten der Dinge, des Übriggebliebenen: leberfarbener Ziegelstein, nasse Kacheln; die Stufenlinie am Horizont; und du fehlst, für immer (habe ich von dir geträumt?); Rinnsale, die von mir wegführen, ädern, versickern (wo was hinsickert, habe ich gefragt); irgendwo in der Birke, im Stamm, im Ästchen: längst die Idee von einem Blatt, leise pochend.

Ich nehme Abschied: von dir; von meinem Erinnern.

Bilder: der Abend in einem Restaurant (Seeblick, wir essen Dorade): dein Hustenanfall und das Laub (hellgelb) auf dem Weg zurück zum Parkplatz, fünf Wochen vor dem Ende; du, dich übergebend (auf der Treppe); der Morgen, an dem du sagst, dass du ins Hospiz gehen wirst (es ist kurz nach zehn Uhr); die Trage, die neben dein Bett geschoben wird, auf der du ins Hospiz gefahren wirst; die Autofahrt ins Hospiz, dem Krankenwagen nach (meine Schwester fährt, ich sitze auf dem Beifahrersitz).

Ich darf mich nicht mehr zu dir umdrehen.

Der erste Schritt und der zweite; Brummen eines Müllwagens; Erinnerung an das Läuten von Kirchglocken; Wurzelnoppen auf einer weißen Wand, eine Rosenschere, der Gesichtsausdruck der Großmutter, die auf einen Efeuzweig zeigt, spricht: Ef*eu*, leiernd, eine Dehnung auf der zweiten Silbe: *Wurzel-Eu*; der anzubrechende Tag, fliederfarben, wie ich gehe und mich nicht mehr umschaue.

Das Besticken einer Tischdecke: die Großmutter nässt das Ende des Fadens mit der Zunge an, führt ihn spitz durchs Nadelöhr (sie zittert von der Parkinsonkrankheit); wir sticken eine Kerze (*wir erfinden eine Kerze*): und die Flamme steht in der Luft, einige Millimeter über der Wachsmulde, ihres Flackerns beraubt; ich erinnere: das gestärkte Tischtuch (knirschend).

Meine Locken, die auch deine Locken sind (waren): kräuseln sich auf der Birkenholzplatte.

Und die Tulpen: scharlachfarben, wie Seide.

Ich malme, zersetze; Bild der Arbeitsstelle, mit Tulpenköpfen; gemasertes Holz (Birkenholz), Wasserflecken, Eingedunkeltes, Tasse mit Zwiebelmuster, am Rand gesprungen; der Lichtkegel zieht eine unscharfe Grenzlinie: über das Blatt, durch das Blatt: läuft ein unsichtbarer Spalt, der es entzweit; *du bist ein Stück von jedem Blatt.* Und bald schon Nacht, Plusgrade, Amselliedchen: es ist so blau, endlos blau; ich zittere.

*

Geschlitzte (gemesserte) Wölkchen: auf Schienen aus dem Blickfeld, Zwischenhimmel, ein Spalt ins Blau, frühmorgendlich.

Die leberfarbenen Ziegeln; Gezwitscher von jungen Spatzen.

Ich sehne mich: nach dem Sehnen.

Eine Scheibe frisches Brot, gebuttert, mit Quittengelee.

Der Saft einer ganzen Zitrone.

Le petit chemin et les fleurs dans les jardinières (und ich trinke Coca-Cola).

Und oben bäumt sich die Angst (*ich kann mir nicht entkommen*), fällt die Enge klirrend vom Gestirn, bleib hier, bleib hier, ich rutsche, schlage mit dem Kinn auf, klirrend, und mir bricht der Hals, der Kiefer, dumpf (morsches Bein); die Nacht röchelt, drückt mich unter gelbes Wasser (Farbe der Quitte), *et je quitte*, wen, was (*der Sandstrand ist geräumt*), auf der Speisekarte Perlhuhnbrüstchen mit was von der Pflaume; ich renne, renne, Messer klirren, die Enge ist kein Ort, wo ist mein Zitrönchen, renne die Böschung hinab, ein Schaf in Flammen, blökt noch, ich will Zitrone, laut, Zi-trone, meine Zi-tro-ne.

Atmen, atmen (sie ist doch hier, ganz nah).

*

Ich renne, springe: gegen eine Wand aus Glas, in der ich mich spiegle, verdopple; und kein Blick führt dahinter. Meine Zunge fährt über die Grenze aus Glas, ich schlage meine Faust blutig, ich schlage mir den Schädel ein, hämmere mit den Knochenenden gegen die Wand aus Glas. Glaswand (des Textes): jeder Text endet an seiner eigenen Grenze; jede Verschiebung einer Grenze erzeugt lediglich eine neue Grenze; es gibt keine Grenzenlosigkeit in der Sprache (in der Form).

*

Erwägung über einen Traum: dass ich ihn auslasse, dass ich ihn verarbeite, dass das Ich, das hier spricht, ihn auslässt oder verarbeitet, dass die Erwägung der Traum ist, dass die Erwägung eine Fiktion ist, dass der Traum eine Fiktion ist: des Ichs, das hier spricht.

Ich schneide längst mit kaltem Messerchen: eine Wunde nach meiner Gestalt; »ich vergeheimnisse die Materie« (Anselm Kiefer); schneide mit der Silberklinge, den Knospenpfad entlang, Mausewolken, *it tastes like a Bloody Mary* (sonntäglich, gesalzen), trenne das Ohr vom Schaf und die Haut von meinem Körper (ich häute mich); das Geheimnis: der Grad der Formung (Verformung bzw. Entformung); und der Prozess der Transformation (was ist ein Blatt, das noch kein Blatt ist? was unterscheidet die Möglichkeit eines Blattes von dem Nicht-Blatt: was ist *der Zustand vor dem Blatt*?).

*

Du, verschwindend (*fading*): und bald spreche ich dich nicht mehr an, kein *du* mehr, kein *dein*, *dich*; du bist außerhalb meiner Sprache: du kannst nicht mehr antworten und alles ist gesagt; bald entschwinden die Gedanken, Bilder, Erinnerungen; und wie es plätschert, neulich am Bachlauf: all die Moose und die Flechten, grüne Häutchen, Hütchen, Steinrelief: und wie's glitzert: ein Falter, ganz gelb: von Knospe zu Knospe.

Die Moose und die Flechten, die auf deinem Grabstein wachsen; Glockenläuten.

Die Stirnpartie, der Faltenlauf: morgens früh, kurz nach dem Erwachen.

Der Schwamm, mit dem wir deine Lippen benetzen.

Öl, das wir auf deinen Unterarm träufeln; Öl, das wir in deine Haut reiben (Zitrusgeruch, oranges Etikett); und die Härchen.

Die Türschwelle, im Hospiz (die Schwelle).

Und die Schwellenzeile, neulich im Erwachen: *entwirf dir treuen Fliegenpilz.*

*

Die Briefe aus Borkum, liniertes DIN-A5-Papier, Frühling 1963: ich halte deine Schrift in meinen Händen: Bleistift, die Schwunglinie (meine Schrift, Schrift meiner Schwester); du schreibst den Großeltern: von den Salben und den Bädern; von zwei Feuersteinen, die du am Strand gefunden hast; dass der Winter noch einmal zurückgekehrt ist.

*

Die Birke, früher Morgen: blau umrandet, wolkenlos. Tagtraum von einem Garten: drei Steinstufen (moosig), dahinter hohes Gras, Pastellblumen, Summen und Zirpen, keine Horizontlinie (*fading*); eine Karaffe mit Eistee, kleine Biskuits auf einem weißen Teller; Licht fällt durch eine gestreifte Markise auf mein nacktes Bein, umspielt die Härchen und die Sehnen; und der Kopf der Birke: plötzlich erleuchtet (Morgensonne): tänzelt, reckt sich.

*

Du stehst gebeugt auf der Terrasse (auf den Waschbetonplatten): in Schlappen, Jeans und Flanellhemd; du gräbst im Pflanzkübel, Unkraut aus, Erde um: mit deinen Händen (Bild deiner Hand, unschärfer werdend); du pflanzt die Setzlinge in die Erde: ein schwarzes Braun; und du gießt (die grüne Gießkanne); ich sehe, wie du atmest: ich stehe nirgendwo; das Einsickern des Wassers: Beginn einer Blume (*und ich beginne eine Blume*).

Ich werfe Erde in dein offenes Grab; ich werfe eine Sonnenblume in dein offenes Grab.

Und ich beginne eine Blume.

Etwas, das aus etwas anderem entsteht (herauswächst); Erde, die wir werden; mein Mund, der küssen will; Frühling.

Nachweis

S. 14: Benoît Mandelbrot: »How Long Is the Coast of Britain? Statistical Self-Similarity and Fractional Dimension«, in: *Science*, Bd. 156, Nr. 3775, 1967, S. 636–638.

S. 78: Roland Barthes: *Fragmente einer Sprache der Liebe*, Suhrkamp Verlag, Frankfurt am Main, 1984, S. 162.

S. 100: Elke Erb: »Angekommen in Ahrenshoop«, in: *Das ist hier der Fall*, Suhrkamp Verlag, Berlin, 2020, S. 176.

S. 106: Peter Handke: *Die Lehre der Sainte-Victoire*, Suhrkamp Verlag, Berlin, 2019, S. 78–79.

S. 123: Anselm Kiefer & Klaus Dermutz: *Die Kunst geht knapp nicht unter*, Suhrkamp Verlag, Berlin, 2010, S. 119.

Dank

Mein Dank gilt zuvorderst meiner Frau Anna, meinen beiden besten Freunden Sven Wagenknecht und Dominik Kaufmann, meiner Schwester, meinem Bruder, meiner Mutter, meinem Vater: euch allen für eure Liebe.

Luca Homburg, Philipp Werner und allen Menschen bei Schöffling für das Vertrauen in diesen Text.

Allen Kolleg:innen, die ich während des Klagenfurter Literaturkurses, der Autor:innenwerkstatt des Literarischen Colloquium Berlin sowie des open mike kennenlernen durfte und die diesen Text mit begleitet haben.

Dr. Shari Adlung, Lilly Busch, Dorothee Elmiger, Julia Franck, Enya Hutter, Florian Kranz, Zoë Martin, Sophie Priester, Senthuran Varatharajah und Dana Vowinckel, die mich auf unterschiedlichen Etappen dieser langen Reise mit Rat und Tat unterstützt haben.

Über den Autor

Nils Langhans wurde 1990 in Velbert geboren und lebt in Berlin. Er war Finalist des 31. open mike, Stipendiat der Autor:innenwerkstatt Prosa des Literarischen Colloquium Berlin sowie des 24. Klagenfurter Literaturkurses und stand auf den Shortlists des Edit-Essaypreises sowie des Wortmeldungen-Förderpreises. *Irgendwann kommt immer ein Meer* ist sein erster Roman.